D1677946

Fleckhaus
Am Wasserturm 20
51519 Odenthal

EL BALANCÍ

549

CARLES DECORS

Aquell món idíl·lic

Edicions 62
Barcelona

© Carles Decors, 2007

Són rigorosament prohibides, sense l'autorització escrita dels titulars del copyright, sota les sancions establertes en la llei, la reproducció total o parcial d'aquesta obra per qualsevol procediment, incloent-hi la reprografia i el tractament informàtic, i la distribució d'exemplars mitjançant lloguer o préstec públic.

Primera edició: gener del 2007

© d'aquesta edició: Edicions 62, s. a.
Peu de la Creu 4, 08001, Barcelona.
correu@grup62.com
grup62.com

Fotocomposició: Víctor Igual, s. l., Peu de la Creu 5-9, 08001-Barcelona
Imprès a Limpergraf, s. l., Mogoda 29-31, polígono Can Salvatella,
08210 Barberà del Vallès
DIPÒSIT LEGAL: B. 54.035-2006
ISBN: 978-84-297-5926-6

A la memòria dels meus pares i del meu cosí Carlos Miguel

CAPÍTOL PRIMER

I
PREÀMBUL

A l'arribada d'un viatge de vacances per Mèxic, a les acaballes del mes d'agost de l'any 1993, vaig rebre la notícia de la mort del meu pare. La meva dona era al vestíbul de l'aeroport, esperant-me, i el fet de veure-la allí, a l'altra banda de la barana que hi ha davant la sortida de viatgers, ja era un mal averany. Sense preàmbuls ni cortesies matrimonials, que entre nosaltres tampoc no sovintejaven, em va dir d'una tirada:

—Lluís, el teu pare ha mort d'un infart. El vam trobar abans-d'ahir. L'enterrament és demà, al cementiri de Collserola.

Vaig reaccionar com si la notícia no anés amb mi o s'adrecés a un altre que no era jo. En Fabregó, l'amic que m'acompanyava, em va donar el condol (era l'única cosa que el pobre podia fer en aquell moment) i potser sí que llavors vaig sentir que el meu pare havia mort de debò, sense que pogués donar-li el darrer comiat (i una mica més, sense arribar a temps d'enterrar-lo). Em vaig guardar les llàgrimes per a un altre moment, perquè no volia que la Glòria em veiés plorar, i, mentre sortíem de la terminal, vaig tractar de no pensar en res, o de pensar en qualsevol cosa que no tingués res a veure amb la fatídica notícia que acabava de rebre. Pel cervell encara em rondaven les imatges de la casa i el jardí de Trotski, a Coyoacán, on el 20 d'agost del 1940 va ser assassinat pel català Ramon Mercader (un estalinista adoctrinat per la seva mare), i les de la casa blava de Frida Kahlo i Diego Rivera, també a Coyoacán, on, al damunt d'un llit minúscul de colors cridaners, s'exposava la cotilla ortopèdica d'ella. Durant el viatge de tornada, els meus pensaments s'havien recreat en aquells dos indrets inquietants, i en la plaça del Zócalo del DF, i en la de Garibaldi (agermanada amb la plaça Reial de Barcelona), i en el Café de Tacuba, i en el Palacio de Bellas Artes, i en els murals revolucionaris de Siqueiros (que abans d'en Mercader havia intentat assassinar Trotski), i en les piràmides de Teotihuacán, i en les cases colonials d'Oaxaca, i en les platges paradisíaques de Zipolite, Puerto Ángel i Puerto Escondido, que en Fabregó i jo havíem recorregut de cap a cap. De sobte, però, vaig adonar-me que les imatges ja no hi eren, i que per més que m'hi esforçava no aconseguia recuperar-les. Tan sols en perdurava un rastre, o el record vague de la seva existència volàtil. Era com si, per error, hagués fet un *delete* del disc dur del meu ordinador i tota la informació s'hagués esborrat en un no res. El viatge a Mèxic ja no existia ni a la memòria, i si després vaig recordar-lo era perquè la memòria no funcionava com un ordinador, afortunadament.

Anant cap a casa amb el cotxe de la Glòria (en Fabregó, amb bon criteri, va preferir agafar un taxi), i fent el cor fort, vaig preguntar-li per les circumstàncies del decés. Abans d'explicar-me-les, i sense cap mena de consideració cap a mi, que era l'afligit, va aprofitar per escalfar-me les orelles. Que si ella no se n'havia anat de vacances a Mèxic amb una amiga i jo sí (vaig puntualitzar que no era amb una amiga sinó amb un company de la feina, en Fabregó, però la broma encara la va fer enrabiar més). Que si ella havia hagut de quedar-se sola amb la Irene, la nostra filla. Que si tothom criticava que jo mai no hi era en els moments crucials, quan la família més em necessitava. Que si gràcies a les claus de la meva germana Cristina, i a la rapidesa del meu cosí Tinet, no havia calgut forçar el pany de la porta perquè tothom pogués entrar al pis (els urbans, la Policia Nacional, el jutge de guàrdia, el metge forense, els de la funerària, els del Servei de Zoonosi de l'Ajuntament, les dones de la neteja). Retrets injustos, sens dubte, però havia de reconèixer que van ser ells, i no jo, els primers a presentar-se al pis de la ronda del Guinardó, 31. La trucada telefònica l'havia feta una veïna de l'entresòl, que assegurava no haver pogut dormir en un parell de nits per culpa d'una olor pútrida que sortia de la nostra galeria. No s'errava en la causa de l'insomni: el meu pare havia sofert un infart fulminant mentre s'aixecava del sofà i el seu cos ja feia uns dies que havia iniciat el cicle de la descomposició. Segons testimonis oculars de la Guàrdia Urbana, l'havien trobat de bocaterrosa, amb el cap entre les potes de la butaca de pell de davant del sofà i l'auricular del telèfon en una mà (com si hagués volgut fer una darrera trucada).

Ni la Cristina, ni el Tinet ni la Glòria van arribar a veure el cos del papà estès a terra. La pudor els va fer enrere només obrir la porta de casa (això deien). Ignorava la reacció de la meva germana en aquell moment, i què va passar tot just després, però no calia donar-hi més voltes. Jo no hi era, i prou, com tampoc no hi era quan la mamà va morir, per molt que em sàpiga greu. Per sort, el meu cosí Tinet, que per a aquestes coses de difunts és un fora de sèrie, va encarregar-se de tots els tràmits previs a la vetlla.

Uns dies després de l'enterrament, al principi de setembre, em va tocar a mi anar al pis de la ronda del Guinardó, 31. Just a sota de la butaca de pell, encara hi havia una taca de sang coagulada. A pesar de la desinfecció i la neteja, la ferum de cadàver descompost surava per la casa. Era una fortor prou desagradable que impregnava les cortines i la tapisseria. Vaig obrir les finestres de la saleta i em vaig asseure al sofà a esperar que la meva pituïtària s'habitués a aquell tuf. D'allí estant, resseguia les marques de brutícia que havien deixat els quadres a la paret, al mateix temps que intentava recordar a quins corresponien. Faltaven també alguns mobles i, fent una ullada per damunt, em va semblar que el pis estava a mig desvalisar, com si els lladres haguessin fugit cames ajudeu-me.

Llavors, tal com havíem quedat, la Cristina va trucar per telèfon. La idea era informar-me, sobre el terreny, de com ens havíem de repartir les coses:

—Els quadres són per a mi, menys els dos que a tu t'agradaven, i els àlbums de fotos, i les joies de la mamà, i els mobles que hi falten, i els llums, i els canelobres de plata, i el televisor, i els estris de cuina; tu no n'has de fer res, d'uns estris de cuina. Per a tu la safata de metall i els objectes africans, menys l'ullal d'ivori, que ja saps que és meu. Te'ls deixo damunt la tauleta. Per a tu, també, la roba del papà que hi ha a l'armari, i tot el que hi hagi dins el calaix tancat del canterano. No toquis res més. Ah! No t'estranyis si no veus els llibres, els he hagut de vendre a un drapaire per pagar les dones de la neteja. A propòsit, les despeses de l'enterrament les he pagades jo amb els diners de l'oncle Alfonso.

Mentre ella parlava com si recités un discurs de memòria, sense cap opció de rèplica, jo m'entretenia a fer un inventari mental dels objectes africans que, llevat de l'ullal, eren damunt la tauleta. Hi havia estatuetes d'elefants, camells i cignes d'ivori, una família d'antílops de metall, dues gaseles i quatre elefants de banús, de la mida d'un llibre gran, una dona negra amb els pits punxeguts i els braços fent nanses (que la meva mare amagava de tant en tant), també de banús, un cavall de pal rosa i una safata de metall que representava una sirena amb coll de girafa que duia una serp cargolada al cos. Al final del seu llarg i vertiginós monòleg, que jo havia anat puntualitzant amb un so gutural d'afirmació resignada, va afegir que, quan m'endugués les meves coses, faria venir un antiquari amic de la tieta Remei perquè ens fes una oferta de compra dels mobles vells i la resta d'andròmines que hi quedaven. Sols de pensar que hauríem de veure'ns més vegades, per resoldre aquestes qüestions i la de la venda del pis, em venien ganes d'oblidar-me'n. La mitja hora següent la vaig dedicar a embolicar les estatuetes amb el paper d'un diari vell que hi havia al porta-revistes (segurament del mateix dia de la mort del papà, o del dia anterior, no vaig voler comprovar-ho), i a seleccionar la roba que es podia aprofitar. Després de desendreçar tot l'armari i d'amuntegar els calçotets, les samarretes, els mitjons i els jerseis arnats, no vaig agafar cap peça de vestir. Les americanes i les camises eren velles, d'unes quantes talles superiors a la meva, com els abrics i les gavardines, i les sabates massa amples i passades de moda. Si fa no fa, només quedava el canterano per regirar.

La part de dalt del moble era buida. Hi mancaven els fermalls de la mamà, i la porcellana xinesa, i la col·lecció de culleretes d'argent, i el rellotge que brillava de nit, i algun altre objecte que ara no em venia a esment. L'escriptori estava net com una patena (la Cristina s'havia endut fins i tot els clips i les gomes d'esborrar). Vaig buscar com un boig les plomes estilogràfiques Montblanc que el meu pare sempre deia que algun dia serien per a mi, però tampoc no hi eren. El meu renec el va sentir tota l'escala. Em sentiria, la meva germana, Déu n'hi do si em sentiria. Tant se me'n donava, ara, si havíem de tornar a veure'ns per aquest o un altre motiu. Vaig tornar a obrir i tancar tots els calaixets de l'escriptori, un per un, i després els calaixos de fora, de dalt a baix, fins a arribar al de sota, el que no es podia obrir sense la clau. A pesar que la Cristina acabava d'assignar-me en propietat el contingut d'aquell calaix, em va semblar estrany que no n'hagués forçat el pany, si més no per curiositat, a menys que ja sabés el que hi havia i no li interessés gens ni mica. Vaig recordar que el meu pare solia amagar la clau en un solc de la part posterior del moble. Ell mateix me'n va explicar la raó un dia que l'havia agafat *in fraganti*:

—La guardo aquí darrere perquè la teva germana no tafanegi dins el meu calaix. La Cristina no és com la mamà, que en pau descansi. No cal que t'ho digui.

I va remarcar «el meu calaix». Efectivament, la clau era allí. En ficar-la dins el pany i girar-la, vaig sentir que profanava la seva intimitat i que ell era a frec, en algun lloc de la saleta, mirant-me. El calaix contenia sis bobines de pel·lícules enregistrades en vuit i supervuit mil·límetres i dues carpetes d'un color marró. Vaig identificar cinc de les sis caixetes grogues i vermelles de Kodak, per la lletra dels rètols escrits a mà, i, en extreure'n una de les bobines, em va venir a la memòria la imatge filmada del meu pare en un camp de cacau, a Guinea, entre una pila de panotxes carbasses. Si no m'errava, vestia una camisa de color blau, pantalons curts i botes.

La carpeta de damunt semblava un *collage* de retalls de diaris i revistes, en blanc i negre i en color, enganxats en pàgines a la manera d'un àlbum. Als retalls, esgrogueïts o descolorits pel pas del temps, es representaven les poses més agosarades que la censura de cada època havia pogut tolerar. Vaig trobar fotos en banyador o molt lleugeres de roba de la Sofia Loren, la Brigitte Bardot, la Rita Hayworth, la Gina Lollobrigida, la Françoise Hardy, la Claudia Cardinale, l'Ursula Andress, la Jane Mansfield, la Marilyn Monroe i moltes altres desconegudes i anònimes (curiosament, de dones negres, n'hi havia ben poques). Una sensació de rebuig em va fer tancar l'àlbum. Sentia que havia profanat un secret que el meu pare no desitjava que fos acaronat per uns altres ulls, i que, d'alguna manera, no havia tingut temps de llençar a la brossa abans de caure a les meves mans. No obstant això, també vaig pensar la hipòtesi contrària, és a dir, que el meu pare m'estava lliurant les imatges que el connectaven al món dels seus desitjos més íntims i preuats, com si aquests també es poguessin cedir en herència de pares a fills.

La carpeta de sota era més prima. A la part central, escrit amb retolador, hi deia: PER AL MEU FILL LLUÍS. I a sota, el seu nom: LLUÍS ARTIGUES DE REQUESENS. La carpeta preservava un feix de fulls que feien una olor com de xocolata rància (més o menys com la de l'àlbum de fotos). Eren cartes adreçades a mi, cartes escrites al llarg dels anys, algunes a Guinea i d'altres, les més recents, a Barcelona. Per a les més antigues havia utilitzat paper de cal·ligrafia de poc gramatge, així com una estilogràfica carregada amb tinta blava; i per a la resta havia preferit el bolígraf i folis blancs, sense línies de separació. Els tons groguencs del paper de les primeres cartes contrastava amb els grisos o blavosos de les més recents.

El primer que vaig pensar és que aquelles cartes mai no havien arribat al seu destí (ni tan sols havien estat trameses o lliurades en mà), i el cor em va fer un tomb. Si jo no les havia rebut en vida del meu pare, com era clar, representaven un veritable testament que anava molt més enllà de quatre formalismes successoris. En el fons, dubtava si començar la lectura allí mateix, a l'escenari de la seva mort (sentint aquella presència a cau d'orella), o posposar-la per quan arribés a casa i pogués projectar també les pel·lícules. Com que encara era d'hora, i la meva pituïtària ja s'havia habituat al tuf, vaig decidir escarxofar-me al sofà (al lloc on ell devia seure instants abans de l'infart), no fer cas de presències fantasmagòriques en les quals, al capdavall, no creia, i donar curs a la meva curiositat.

II

ELS ANYS DE LA INNOCÈNCIA

Santa Isabel (Fernando Poo), febrer del 1959.
   Benvolgut Lluïset,
   Ara tens més de quatre anys i mig i la Cristina ja ha complert un mes d'existència. Els moments que vaig passar amb vosaltres em van fer immensament feliç. Us trobo molt a faltar, i Déu sap que m'agradaria que estiguéssiu aquí, amb mi, però què hi vols fer, la vostra mare és com és, i té por que aquest clima no sigui el més adequat per a la teva salut. També creu que és molt millor que vagis a escola a Barcelona, on hi ha més garanties d'aprendre bé les primeres lliçons i no endarrerir-se de cara al futur.
   Quin ensurt ens vas donar el dia del bateig de la teva germana. No sé com se't va acudir escurar els gots dels convidats. En un primer moment pensàvem que jugaves, però quan ens vam adonar que no t'aguantaves dempeus la mamà va fer un bot que quasi tira la nena per terra. Això perquè te n'adonis, fill meu, del que t'estima. Encara deu estar preocupada per si la borratxera afectarà el teu creixement (fins i tot la doctora Font, la teva puericultora, li ha dit que és una exagerada). La veritat és que se sent una mica culpable del que vas fer, per no haver estat més pendent de tu. Sé que preferies un germanet, però Déu ha volgut que fos una nena. No puc dir-te que no n'estigui content, ja que tot pare desitja tenir una filla, i més si el primer fill ha estat l'hereu. Quan siguis gran ja em donaràs la raó.
   Tanmateix, no és d'això del que vull parlar-te, sinó del sentiment que tortura el meu cor i no em deixa viure. La vostra mare no es va acostumar a la vida africana, aquí fa sempre una calor molt humida i els

mosquits són insuportables. Alguns, fins i tot, transmeten malalties incurables. Per aquesta raó, també, comprenc la seva decisió de no voler venir a Guinea amb vosaltres. Malauradament per a mi, encara és aviat per tornar a la Península. A Fernando Poo es guanyen molts més diners i això fa que puguem portar una vida més digna i benestant. El que em corrou per dins és aquesta distància insuportable, i el desig de veure-us més sovint. Ja t'he dit que aquí fa molta calor i humitat, sobretot a les nits, i suar tothora reblaneix el cervell. No hi ha res pitjor que aquest clima tropical per caure en una altra mena de desig, creu-me, per bé que he lluitat amb totes les meves forces per no tornar a caure-hi. La vida en una plantació és dura, no hi ha res al marge de la feina, res que no sigui beure en companyia d'algú i els cossos joves i lluents de les dones dels bracers. Tu ets massa petit per entendre-ho, i la vostra mare massa gran i ingènua. Déu sap que voldria que fos ella qui baixés la tela de la mosquitera cada nit i no una mà aliena i de pell bruna, però la solitud és mala consellera, fill meu. Vull que sàpigues que tot això no m'afecta, de debò, és com si llisqués una vegada i una altra pel damunt de les pells de cadascuna d'aquestes dones anònimes sense encetar-les a penes, i sense cap esgarrapada o morat que em delati.

Ara estic mirant una foto teva que la mamà m'ha fet arribar. Sou a la terrassa de casa, a la ronda del Guinardó. Tu t'engronses al cavallet balancí que els Reis et van portar i la mamà t'agafa per darrere. Dus una bateta de color verd poma, amb el coll rodó i de color blanc, i tens la llengua fora, com sempre. M'agrada molt aquesta foto, però espero que quan vingui a Barcelona el cavallet t'hagi quedat petit, de la crescuda. Menja, fill meu, i no treguis la llengua, que el gat se te la menjarà.

Molts petonets. El teu pare que t'estima.

Un grapat de pensaments confusos se'm van amuntegar al cervell. Era evident que una carta com aquella el meu pare no podia enviar-me-la. No per mi, és clar, que tenia quatre anys i mig, sinó per la mamà, que és qui l'hauria llegida. Això ja permetia fer-me una idea de per què aquelles cartes havien estat guardades durant tants anys sense arribar al seu destinatari. Vaig pensar a llegir-les totes de cop, sense pauses, ja que sentia l'ansietat d'abastar tota la informació al més aviat possible. Però el neguit dels meus propis records i pensaments, que semblaven reviscolar de les zones més recòndites del cervell, em va frenar. Així doncs, vaig tancar els ulls i no vaig passar a la carta següent fins que no vaig haver buidat tota la memòria que aquella primera carta recuperava.

Del bateig de la meva germana pròpiament, i de la borratxera posterior, no en tenia cap record amb exactitud. Ningú no triava els records que li havien de quedar emmagatzemats per sempre, vaig pensar, ni les combinacions diverses i estranyes, però n'hi havia alguns de recurrents, com el del papà presentant-se sobtadament a casa per anunciar el naixement de la Cristina.

—Fill meu, ara no hi ha temps d'obrir les maletes i donar-te els cotxets de regal que porto per a tu. Ens n'anem de seguida a la Clínica Quirón per conèixer la teva germana Cristina, que ja ha nascut.

Jo ni ho sospitava, que acabava de tenir una germana, si és que als quatre anys i mig es podia sospitar alguna cosa. I menys que haguéssim d'anar a una clínica per veure-la. La mamà feia uns dies que no era a casa, certament, però l'oncle Alfonso (que vivia amb nosaltres i de vegades no tenia més remei que ocupar-se de mi) i la senyora Rossich (que era la mare del meu amic Ricard i veïna de l'escala) em deien que havia anat a veure la tia Mercedes, a Tarragona, i que tornaria de seguida. Que jo recordés, vaig pensar, ningú no me n'havia parlat, d'aquest fet inusual, i jo tampoc no havia notat en la mamà res de particular que anunciés tal màgica aparició. La panxa que devia haver vist com creixia dia rere dia, gairebé sense adonar-me'n, era un misteri insondable, una mena de protuberància natural que ni em plantejava que podria donar lloc a la meva germana Cristina.

El meu pare va entrar decidit a l'habitació. Pels crits de joia i de sorpresa de la mamà vaig deduir, amb la ment d'infant, que no l'esperava tan aviat. Jo no suportava la imatge dels meus pares abraçant-se i petonejant-se en públic; això ja venia de la vegada que vam anar a rebre'l a l'aeroport. Devia ser per manca de la figura paterna (com dirien ara els psicòlegs), o vés a saber per quina reacció estúpida de nen petit i aviciat, vaig pensar, però el cert era que veure'ls córrer l'un cap a l'altra no m'agradava gens ni mica. I menys que es refreguessin els becs d'aquella manera tan afamada. ¿Per què havien de fer-ho allí enmig, burxa que burxa, a la vista del seu fill i de tothom? ¿Que no podien esperar-se a la nit? Aquella situació em feia sentir ridícul, m'avergonyia, i estic segur que només pensava a perdre'm per l'aeroport i que patissin una estona buscant-m'hi. El sentiment de rebuig que sentia només era superat per la meva pròpia aversió a qualsevol mostra d'amor filial cap al meu pare, fins i tot en aquell precís moment en què posava fi a les manyagueries i els petons a la meva mare i em mirava amenaçadorament, ben decidit a omplir-me de saliva. Una aversió, si més no, que s'esvaïa a mesura que jo anava desembolicant aquelles caixetes de color groc, vores blaves i lletres vermelles, semblants a capses de mistos, i treia de dins els cotxets metàl·lics de joguina de la marca By Lesney, *made in England* (els meus preferits, juntament amb els Dinky Toys).

Com que em resistia a entrar a l'habitació de la clínica, el meu pare va sortir al passadís i va agafar-me del braç. D'aquesta manera és com vaig entrar en aquell estrany i il·luminat lloc, que feia olor de pixums. La meva mare era al llit, incorporada de mig cos cap amunt, amb un pit a l'aire i el tros de carn que devia ser la meva germana enganxat del fosc mugró. La imatge em va regirar l'estómac. No em va agradar gens ni mica veure el pit de la meva mare; era una massa informe i aureolada que no havia vist mai, que sempre tapava si jo era a prop, i no entenia per quina raó l'exhibia ara com si fos un trofeu penjant de la paret. Fins i tot creia, com podia creure un nen de quatre anys i mig, que la visió d'aquell pit em condemnava encara més que el pecat mortal que havia comès a la furgoneta del transport escolar del col·legi Cardenal Espínola.

L'acció pecaminosa havia consistit en un acte deshonest amb exhibicionisme i escàndol públic. Pobre de mi, vaig pensar, si jo l'únic que vaig fer va ser obrir-me la bragueta dels pantalons curts i mostrar els calçotets blancs a dues nenes que seien davant meu. Els calçotets, per l'amor de Déu! Els vaig ensenyar els calçotets i prou. Ni la titola diminuta, ni l'escrot ni cap part impúdica, si és que els nens tenen parts impúdiques. L'efecte va ser immediat. Una de les nenes es va posar a plorar i l'altra va cridar la senyoreta, que era al costat del conductor. Sense pensar-s'hi dues vegades, la senyoreta va fer parar la furgoneta, va entrar al darrere, va preguntar què havia passat i em va fúmer un mastegot que encara sentia a la galta. Però les coses no van acabar aquí. L'endemà, a l'aula, la mare superiora s'hi va presentar d'improvís, ens va fer posar dempeus (de fet no calia, perquè cada cop que entrava a classe ens aixecàvem com si tinguéssim una molla al cul) i va dir:

—El dimoni és a tot arreu, fillets, i heu d'anar amb compte, ja que de vegades s'aprofita de la innocència d'un infant per fer-nos caure en el pecat. Ara vull que reseu un parenostre i tres avemaries amb mi per una cosa molt lletja que un de vosaltres va fer ahir, una acció pecaminosa que li ha tacat de negre l'ànima i ha entristit el nen Jesús.

No cal dir que en aquell moment vaig voler fer-me fonedís. Tothom sabia que era jo qui havia fet la cosa lletja que mereixia una taca negra a l'ànima. I els ulls de tots aquells nens de la classe de pàrvuls d'un col·legi de monges em van apuntar condemnant-me al foc etern. No recordava els instants següents, ni les reaccions al pati, però encara podia sentir la humiliació d'un nen fins a límits que, per sort, no van anar més lluny del terrible xoc que suposava haver entristit el nen Jesús sense saber per què.

Tot d'una, excitat per la memòria, que no parava d'activar-se, em van venir altres records d'aquell col·legi que creia oblidats per sempre; com, per exemple, els moviments ortopèdics de l'alumna que s'encarregava de donar-me menjar (jo, de petit, era incapaç d'empassar-me res si algú no em ficava la cullera fins a la gola), o les bandes blavoses amb una medalla de la Mare de Déu que, de tant en tant, ens penjaven del coll per distingir-nos com a alumnes més aplicats (crec que mai no vaig portar-ne cap), o la tarda que em vaig cagar al damunt perquè no em deixaven anar al vàter. Allò sí que va ser una acció que no devia alegrar gens ni mica el nen Jesús, vaig pensar. Un parell o tres de monges, entre elles la mare superiora, van estar-se una bona estona netejant-me el culet, la titola, les cames, els peus; em van eixugar amb una tovallola immensa, em van posar unes calces enormes, de color marró, van riure com boges, van grapejar-me una mica més i em van portar a casa mort de vergonya. L'any següent, la meva mare va matricular-me a les Escoles Laietània.

A pesar del cúmul d'imatges desagradables de la meva infantesa que m'aclaparaven, el pitjor d'aquella primera carta del meu pare va ser comprovar que jo tenia una idea molt diferent d'ell. La seva confessió, elegant en la forma i en les paraules triades, això sí, era com si m'haguessin tirat una galleda d'aigua freda. I tanmateix, en aquell moment el vaig comprendre. No només el vaig comprendre sinó que vaig admirar-lo, vaig admirar la valentia de reconèixer els seus pecats, els seus actes més ignominiosos, encara que fos *a posteriori*. Al cap i a la fi, el meu pare era un home com tots, amb les mateixes mancances i febleses que la resta, i la meva mare no estava exempta de culpa.

Em va semblar més que raonable que si jo havia crescut covant un sentiment de rebuig cap a l'Àfrica era precisament perquè volia viure en aquell món idíl·lic de platges paradisíaques i postes de sol increïbles, on m'imaginava que els nens blancs es passaven el dia jugant a exploradors mentre els negres feien de camàlics. Tampoc no calia ser psicòleg per deduir que aquell ambient opressiu d'objectes africans i quadres penjant de les parets de casa, per l'absència de la realitat que representaven, van ser una de les causes de l'atemptat que vaig cometre contra el meu pare. El fet no el recordava, i si no hagués estat per la mamà, que un dia va fer un comentari, no hauria passat a la història. Aquell senyor dels cabells llisos i esclafats cap enrere, bigoti retallat i ulleres fosques que parlava amb ella mentre sostenia un cigarret entre els dits (així me l'imaginava uns segons abans de l'atemptat), i que jo devia veure com un usurpador de les seves manyagueries cap a mi (potser per això no m'agradava que es petonegessin en públic), acabava d'arribar de l'Àfrica amb un cabàs d'estatuetes d'elefants, polseres de colors i altres penjolls. Jo era al terra de la saleta barallant-me amb les caixetes dels meus regals de quatre rodes. Sense cap raó aparent (cap raó d'adults, és clar), vaig extraure un d'aquells cotxets metàl·lics de dins la caixeta i l'hi vaig llençar pel cap. Sortosament, no el vaig tocar. Va ser l'única vegada que el meu pare em va posar la mà al damunt. Era d'agrair que no guardés cap record del mastegot (com sí que el guardava del de la senyoreta del col·legi de monges), i era d'agrair, també, que ell tampoc mai no me'n va parlar.

Santa Isabel (Fernando Poo), juny del 1961.
Benvolgut Lluïset,
Sé que t'has enfadat perquè aquest estiu no el puc passar amb vosaltres, tal com era la meva voluntat. El conreu del cacau requereix de moltes atencions i processos i has de ser-hi sempre al damunt, sense fer cas omís de cap fase. Concretament, aquí, a Fernando Poo, els contractes amb els bracers es fan per dos anys, i per aquesta raó no sempre em puc escapar. Del que pots estar ben segur és que no deixo de pensar cap dia en vosaltres, i això, creu-me, és descoratjador, perquè em vénen ganes d'engegar-ho tot a dida i agafar el primer avió cap a la Península.
La vida en una plantació, encara que no ho creguis, és molt rutinària. M'aixeco a les sis del matí i no paro en tot el dia, amunt i avall per les finques, fins que es fa fosc. A la nit, sopem tots plegats: la tieta, el tiet i els teus cosins. Fem una mica de tertúlia i me'n vaig al llit de seguida. La tieta Remei ha après a pintar, ja veuràs quins quadres més bonics, i el tiet Ramon és d'una gran ajuda per organitzar la feina dels bracers. Sí, ja sé que acabes de complir set anys i que tot això que t'explico són coses de grans. Però és que tu ja ets l'home de la casa. Felicitats!, fill meu, que en facis molts i que puguem estar tots junts aviat per celebrar-ho.

La Cristina té dos anyets i mig. Sembla que fos ahir, quan va néixer. Déu meu! Com passa el temps, ni te n'adones, sobretot a la meva edat. A la vida, fill meu, tot són records, records que et fan sentir i et fan plorar, records nostàlgics, records que encara fan més mal si ets lluny de les persones que estimes. Però no ens posem pas tristos, que ja n'hi haurà motiu. Parlem de records agradables, o de records que no s'obliden. En guardo uns quants, de l'estiu passat a Tona, de la terrassa de la Torre Maria i de les excursions a la Suïssa. La mamà em diu per carta que les inhalacions al Balneari Codina t'han anat molt bé, que ja no tusses i que els bronquis no se't tapen. Me n'alegro, segur que ara menges amb més gana i aviat no caldrà que et posin més injeccions. Menja, fill meu, creu-me. Si vols ser futbolista has de menjar el doble. Cada cop que penso en la terrassa de la torre em vénen a la memòria els partidets que fèiem. El teu xut ha millorat, Déu n'hi do, i pares la pilota molt bé, com jo et vaig ensenyar.

Espero que a la fi d'agost o al començament de setembre pugueu anar a Viella amb la tia Mercedes, per a *era hèsta*, a menjar coca i beure una miqueta de vi ranci al Cap dera Vila. ¿T'he explicat alguna vegada que la mamà i jo ens vam conèixer en una d'aquestes romeries al Cap dera Vila? No saps com m'agradaria acompanyar-vos-hi, i riure'ns tots plegats de la mala sort que hem tingut a la Vall d'Aran amb les herències. De totes les propietats de les nostres famílies respectives, no ens ha tocat ni un petit prat amb quatre vaques. Però què hi vols fer. La vida és així d'injusta, i per això sóc a Guinea i no als Pirineus.

Un petó i una abraçada. El teu pare que t'estima.

La vida era injusta, com el meu pare afirmava, però cada instant de la vida era únic i irrepetible, vaig pensar. Llàstima que d'aquest tòpic ens n'adonàvem de grans, quan passàvem més hores recordant temps endarrerits que vivint experiències intenses (i pensant més en el menjar que en el sexe). Fent honor, doncs, a la meva edat adulta (tenia trenta-nou anys), continuava arrepapat en aquell fatídic sofà, sense gosar moure'm (només els braços i les mans per passar les pàgines) i esperant el final de cada carta per tancar els ulls i alliberar els meus propis records.

Curiosament, la Vall d'Aran era una de les poques «afinitats» que els meus pares compartien. Tots dos eren descendents de famílies araneses, per part de l'avi patern i de l'àvia materna, i, a més, com el papà afirmava, s'havien conegut a Viella. Nosaltres hi anàvem sempre al final de l'estiu, però mai a l'hivern, que era quan tothom esquiava i a mi m'hauria fet més il·lusió. Ens allotjàvem a casa Barella, una residència que hi havia camí de Gausac, perquè allí ens feien un preu més econòmic que a qualsevol hotel de la família de la mamà. A l'inrevés de Tona, on no teníem cap parentiu que ens hi lligués, a Viella els parents sortien de sota les pedres. A la tarda, la terrassa de l'Hotel Internacional que donava a la rambleta era el punt de reunió. Els adults s'asseien a prendre la fresca i els nens jugàvem a fet i amagar pel jardí de l'interior. Tothom semblava content, segur de les seves arrels, per bé que nosaltres érem els únics que no teníem casa pròpia ni ens allotjàvem en aquell hotel que semblava el de més categoria de tot Viella.

A pesar de totes les terres, béns i altres propietats de les nostres famílies respectives, cap dels meus progenitors no havia rebut res en herència. Ja ho podien ben dir, ni un petit prat amb quatre vaques. Ah!, i tampoc havien cobrat les llegítimes que els corresponien, vaig pensar. A casa sempre se'n parlava, d'aquesta qüestió, i de si valia la pena iniciar un plet per reclamar-les. Però la situació política, deien, no era l'apropiada. D'una banda, la branca de l'hereu de la família de la meva mare, els Caubet, s'havia convertit en un clan poderós afecte al règim franquista, que controlava gran part de l'economia relacionada amb l'especulació urbanística, les estacions d'esquí i el turisme. Eren intocables. De l'altra, el meu besavi per part de pare, enfadat amb el seu germà gran perquè no volia concedir-li la llegítima, va abandonar el poble de Vilac per instal·lar-se a Fraga, a la Franja de Ponent, on havia guanyat la plaça de secretari de l'Ajuntament. Anys després, les propietats dels Artigues van passar a mans dels Vidalot, ja que l'hereu només havia tingut una filla, i el meu besavi va jurar que mai més no tornaria a la Vall. Qui sí que hi va tornar va ser el meu avi, però no per viure-hi (la residència habitual la va instal·lar a Barcelona), sinó per recuperar els lligams familiars. I això va ser decisiu perquè els meus pares es coneguessin. Però, de les llegítimes, més valia oblidar-se'n.

En unes circumstàncies tan poc afortunades, vaig pensar, es podia entendre que acabés odiant la meva procedència aranesa i aquella Vall idíl·lica que em perseguia amb el record de l'olor de fusta de la serradora de l'entrada de Viella, o amb el de la gespa humida dels prats de Betren, o amb el de les picors a les cames de les ortigues del camí a la nostra residència, o amb el del sabor àcid de les pomes dels camps de Gausac, o amb el del sabor dolç de les móres i les maduixes que recollíem al Pla Bataller i al bosc de Baricauba, o amb el del regust amarg suau dels créixens silvestres que agafàvem anant cap a l'Artiga de Lin, o amb el de la pudor dels porcs de l'Hotel Internacional mentre jugàvem a fet a amagar al jardí. Allí, en unes escales subterrànies de l'hotel, vaig veure la mort per primera vegada, o no la hi vaig arribar a veure perquè havia perdut el coneixement i un ull em penjava fora de l'òrbita. Tanmateix, ja no en quedava res, de tot això, o gairebé res. Els blocs d'habitatges i els centres comercials havien envaït els prats de Gausac i de Betren, el turisme massiu havia obligat a asfaltar els camins de l'Artiga i de Baricauba, Viella era una ciutat atapeïda de cotxes i l'Hotel Internacional esperava el torn de convertir-se en uns apartaments de luxe.

Dels records de la Torre Maria, de la pineda de la Suïssa i del Balneari Codina de Tona, no en podia pensar res de dolent, però sí que se m'havien fet miques uns mesos abans quan, aprofitant un viatge a Vic, vaig apropar-me a Tona amb la intenció de recórrer els paratges estiuencs de la meva infantesa. La Suïssa era un bosc brut, deixat, sense esbrossar. Semblava que la gent ja feia anys que no hi anava. No em vaig atrevir ni a sortir del cotxe. La Torre Maria estava en mal estat de conservació, sobretot la planta baixa i el jardí. El primer pis, el que nosaltres llogàvem, no estava habitat, i la terrassa, amb un munt de teules trencades, em va fer l'efecte que era molt més petita de com la recordava. Només al segon pis es veia moviment. Una dona grassa i mamelluda, d'aspecte magribí, va sortir al balconet, em va mirar amb una certa desconfiança i va emetre un crit en àrab adreçat a dos nens, també d'aspecte magribí, que pujaven pel carrer.

El Balneari Codina havia sofert alguns canvis. Hi havien passat una mà de pintura de color crema (una o més d'una) i una doble porta de fusta i vidre barrava el pas i protegia l'interior dels corrents d'aire. Tot plegat li donava un aspecte més lluminós del record fosc o enterbolit que jo en tenia. Vaig decidir d'entrar-hi, directament a la sala d'inhalacions. Ara ja no es feien servir inhaladors de porcellana (s'exposaven en una petita vitrina amb altres estris de l'any de la Mariacastanya), i els tubs amb caputxa havien estat substituïts per màquines de vapor elèctriques. L'aigua medicinal, de clorur sòdic, sulfurosa, bromoiodada, litínica, freda, amb aquell regust especial d'ous podrits, ja no era bona per beure, a causa de les diarrees o indisposicions gastrointestinals que podia ocasionar. Aquella aigua que temps enrere curava problemes de bronquis, gola, nas, oïda, a més de trastorns nutricionals, fam, refredats, limfatisme, laringitis, èczemes, psoriasi, reumatisme i un llarg etcètera segons el prospecte (i que a mi m'havia anat tan bé), ara sols s'ingeria transformada en vapor, per inhalació acostant-hi el nas o directament amb un aerosol.

Vaig rodejar l'edifici i em vaig adonar que la vella pista de tennis del costat, on anàvem de petits a caçar sargantanes entre les pedres de la graderia, ja no existia. Ni tampoc el laberint de pins, avets i pollancres de l'entrada. Damunt l'herba salvatge que envaïa el ciment, s'estava celebrant un aplec motorista. Sovintejaven les granotes de cuiro, de colors cridaners i marques de lubricants a l'esquena, i els fums dels motors de dos temps es barrejaven amb els d'una costellada. Com que l'espectacle començava a amoïnar-me profundament, vaig tocar el dos. Un cop dins el cotxe i circulant per aquell carrer llarg que arribava fins al poble, em va venir a la memòria un altre carrer similar, tal vegada idèntic però menys urbanitzat, per on el fill d'en Czibor, l'extrem esquerre del Barça d'aquella època gloriosa, baixava com un esperitat dalt d'una petita bicicleta, l'estiu abans de perdre una cama en un ascensor. I el mateix nen tolit un parell d'anys després, amb la cama ortopèdica, en una bici més gran i encara més embogit. Girant a la dreta, per un carrer de xalets que no m'era estrany, em vaig veure a mi mateix a la torre dels Argensó. El meu pare i el senyor Argensó parlaven de Guinea, la meva mare i la senyora Argensó miraven revistes de moda, i jo estava assegut a la gespa mort d'avorriment.

El senyor Argensó s'assemblava a l'actor Peter Lawford, per bé que tenia els cabells molt més blancs i caminava obrint els peus. Treballava a Bata, Río Muni, però ell, a diferència del papà, no era car de veure. Cada estiu aterrava per Tona amb tota la seva família (fet que jo no entenia, ja que Bata, segons l'atles geogràfic, era més lluny que Santa Isabel), i s'hi estava més setmanes que nosaltres. Alguns matins, amb l'excusa que la seva dona havia anat a la piscina i a ell no li venia de gust, es deixava caure per la Torre Maria i li explicava a la mamà anècdotes de Guinea. Jo em volia quedar a sentir-les, per si es referien al papà, a la tieta, al tiet o als cosins, però llavors em deien que ja era hora d'anar al Balneari, a fer les inhalacions.

Els Argensó tenien tres fills. L'Ignasi, el gran, era massa gran per jugar amb mi. El Teno, el mitjà, tenia un any i mig més que jo, i el Quitín, el petit, era de la meva edat. L'Ignasi gandulejava tot el dia a la piscina amb una colla de nois i noies preadolescents que a mi em semblaven inabastables. El Teno em feia riure, però no el deixaven jugar amb mi. Era el més rossenc de tots, i el més afectuós. A ell li agradava quedar-se al meu costat, no sé per quina raó, però quan la seva mare ens veia juntets l'enviava amb els més grans. Amb el Quitín no hi havia manera de coincidir. O estava fent els deures i no se'l podia molestar o acabava d'anar-se'n amb uns nens dels xalets propers. Sempre la mateixa història. La veritat és que el Quitín era molt antipàtic, vaig pensar, i, a més a més, el seu renom era ridícul.

Jo, per jugar, més que qualsevol altre nen de Tona, de l'escola o del barri del Guinardó, preferia el meu amic Ricard. Però tenia la mala sort que estiuejava a Sitges, i cada mes de juny ens acomiadàvem com si mai més no ens anéssim a veure. Perquè, això sí, als estius cadascú se n'anava amb la seva família. I nosaltres no podíem ser una excepció. Amb el papà o sense, havíem d'anar primer a Tona, a fer les inhalacions, i cap a la darreria d'agost a Viella. Quan el papà no hi era, la tia Mercedes i l'oncle Sisquet venien de Tarragona i ens hi portaven. S'hi estaven un o dos dies, en un hotel de Vic del qual no recordava el nom, i després tocaven el dos. L'oncle conduïa un Mercedes grandiós, que feia honor al nom de la tia, però el nostre cotxe, un Vauxhall Velox de color vermell i capot blanc, amb la matrícula «TEG», dels Territoris Espanyols de Guinea (que després va ser substituïda per les sigles «FP», de la província de Fernando Poo) era molt millor, o almenys a mi m'ho semblava. El darrer cap de setmana d'agost, venien a recollir-nos i ens n'anàvem tots plegats a Viella amb el Mercedes. El Tinet mai no els acompanyava. Si no era a Londres o a París perfeccionant els seus coneixements d'anglès i francès, preferia quedar-se a Tarragona per anar a la platja de l'Arrabassada o al Club de Tenis (semblava que fugís de nosaltres com si fóssim uns empestats, vaig pensar). L'any que ningú no podia passar a recollir-nos, no teníem més remei que tornar a Barcelona i agafar l'autocar de l'Alsina Graells, una circumstància que desagradava profundament a la meva mare, ja que, a més a més de suportar el llarg viatge i les incomoditats del cotxe de línia, havia de carregar amb la feina afegida d'evitar que ens maregéssim.

—Vine aquest estiu a Sitges amb mi —em pregava sempre el Ricard—, als meus pares segur que no els fa res.

Però a la meva mare sí que li feia res. Si el meu pare hi era, no calia ni parlar-ne, i si no hi era, havíem d'estar junts per si de cas es presentava a última hora. No em deixava cap altra opció, jo era el gran i, a més a més, havia d'ajudar-la amb la Cristina. Maleïda la gràcia, un cop més, de tenir una germana en lloc d'un germà.

Santa Isabel (Fernando Poo), agost del 1963.
Benvolgut Lluïset,
Et vaig prometre que t'escriuria abans de l'estiu i ja ho veus, no tinc perdó de Déu. M'alegra saber que l'ull de vellut va desapareixent. El que ens preocupava a tots era que perdessis la vista, però no ha estat així. Si no arribo a ser amb tu, a Viella, l'estiu passat, m'hauria sentit un mal pare. No saps el que aquella nit vam arribar a patir. Jo, personalment, vaig envellir deu d'anys. Aquí, a Guinea, en canvi, el temps passa d'una altra manera. De vegades tinc la sensació que les busques del rellotge marquen sempre la mateixa hora i el mateix minut, i, de vegades, em fa l'efecte que tot transcorre molt ràpidament, quasi sense adonar-me'n.

Fill meu, sóc conscient que m'estic perdent el millor de vosaltres, i que la mamà, tu i la nena em trobeu a faltar moltíssim, però mireu el que us dic: no passarà gaire temps que em tindreu definitivament entre vosaltres. Això la mamà ni s'ho imagina, però fa dies que ho penso. Les coses, a Guinea, es compliquen per moments i l'autonomia que el Ministro de Información y Turismo, Excelentísimo Señor Don Manuel Fraga Iribarne, ha promès per a l'any vinent, no la consideren una solució definitiva. La independència es veu a venir, és un procés irreversible a tot l'Àfrica, i aquí no serà diferent que a qualsevol altre lloc. Ara hi ha una certa calma aparent, tot sembla funcionar bé i en ordre, però es respira un aire enrarit, com de tempesta. És com el preludi tranquil abans de la batalla, un temps mort per preparar les estratègies i esmolar les eines.

En Manel Argensó diu que se'n torna definitivament, que deixa el negoci en mans d'en Rafel Izquierdo i que vol instal·lar-se a Tona, o, com a mínim, passar-hi tant de temps com sigui possible. Jo, per si de cas, ja he començat a donar veus entre alguns propietaris que tenen explotacions agràries a la Península, a veure si em contracten i torno abans que tot això empitjori.

En un altre ordre de coses, et felicito pels estudis; has aprovat el curs i després de l'estiu, si tot va bé, començaràs l'ingrés al batxillerat. Enhorabona. Ah!, me n'oblidava: espero que el Ricard ja s'hagi recuperat del tot del seu accident. Quina coincidència, ¿oi? Em sembla que va ser el mateix dia que tu. La mamà m'ho va dir en la seva darrera carta. Escriu-me, fill meu, i explica'm el que vulguis. Crec que amb nou anys ja ets gran per poder escriure una carta, com la mamà fa de tant en tant. I res em faria més il·lusió que rebre també una carta teva.

Ara recordo aquella foto de la colla que us vaig fer als gronxadors de la ronda. A propòsit, ¿la tens tu? La mamà no la troba en cap àlbum. Hi sortiu el Víctor, l'Enric, el Ricard i tu. L'Enric feia cara de por, mentre el Víctor acabava d'empentar-lo i somreia. El Ricard tenia els peus damunt el gronxador i les cames a la gatzoneta, per donar-se impuls, i tu te'l miraves amb cara de badoc, o potser d'admiració.

Un petó i una abraçada, fill meu. El teu pare que t'estima.

Déu meu!, aquella foto. I tant que la recordava. S'havia perdut i al final va aparèixer en un altre àlbum, amagada sota una altra foto (una de les afeccions de la Cristina era desmuntar les fotos dels àlbums i tornar-les a col·locar sense cap ordre). El meu pare feia esment de l'accident del Ricard, gairebé el mateix dia i a la mateixa hora que el meu. Una estranya coincidència per als adults, vaig pensar, però no per a nosaltres, que érem com dues ànimes bessones. Aquell estiu, mentre jo queia pel forat d'una escala i estava a punt de rebentar-me un ull i tenir un vessament cerebral, ell s'encastava contra una paret amb la bici i s'obria el cap. Resultat i pronòstic mèdic: tots dos vam perdre la consciència (jo moltes més hores que ell) i a tots dos se'ns devia trencar alguna vena per dins.

El Ricard Rossich i jo havíem nascut el mes de juny de l'any 1954, entre les deu i les onze del matí, però amb una setmana de diferència i diferent signe del zodíac (jo era Bessons i ell Cranc). Les nostres famílies vivien a la ronda del Guinardó, 31, un edifici propietat de la Caixa de Pensions per a la Vellesa i d'Estalvis de Catalunya i Balears, que feia xamfrà amb el carrer de Praga. Els Rossich eren veïns de replà de la tieta Remei i el tiet Ramon, coneguts com *els africans* (juntament amb el meu pare), per les llargues temporades que passaven a Guinea, i nosaltres érem els inquilins del primer quarta, amb vistes als gronxadors de la ronda. El Ricard tenia una germana petita, la Mònica, que era una mica més gran que la Cristina, però elles, a diferència de nosaltres, no eren gaire amigues i només es posaven d'acord per fer-nos la guitza.

Els altres dos companys de la colla, el Víctor Pons i l'Enric Monferrer, vivien al carrer de Praga, 12, en la tercera i la primera plantes respectivament. L'Enric era fill únic; en canvi el Víctor tenia dues germanes i un germà, tots tres més petits que ell, i poc després de complir els vuit anys la seva mare va donar a llum un altre nen. El Ricard i el Víctor anaven al Colegio Academia Alfonso X, situat a la plaça del mateix nom per la banda del carrer del General Sanjurjo, i l'Enric i jo a les torres de les Escoles Laietània, a dalt de tot del carrer de la Mare de Déu de la Salut, a tocar de la plaça de Sanllehy. Aquest fet em separava la major part del dia del Ricard, igual que el Víctor de l'Enric, però tenia la particularitat d'estimular un sistema de vincles i preferències encreuades que ens unia a tots quatre.

La torre que feia cantonada amb l'actual avinguda de Pompeu Fabra (llavors una drecera que l'oncle Alfonso i jo agafàvem camps a través fins al parc Güell) era per als pàrvuls i els primers cursos de primària, i la de sota per als més grans. Per accedir-hi, s'havien de pujar uns esglaons de pedra altíssims que ens causaven més d'una ensopegada amb caiguda lliure o rascada al genoll. Hi havia petits patis com bancals, de ciment o de sorra, baranes i balustrades, bancs de pedra, parterres de grava amb arbrets, passadissos laterals, giragonses i túnels encantats per anar del davant al darrere. El senyor Pereña, el director, sempre corria escales amunt o avall, amoïnat per alguna raó important que reclamava la seva presència. La mort de la seva filla petita, que a mi em va afectar prou, vaig pensar, perquè encara no era capaç d'entendre que d'un dia per l'altre ja no vindria més a classe, el va tornar trist i abatut (com si ja cap remordiment pogués inquietar-lo, ni del present ni del passat fosc que alguns deien que amagava).

Inevitablement, em va venir a la memòria la veu de la senyoreta Carola, una veu enèrgica, geniüda, l'única veu de càstig d'aquella escola, i el fetge de porc, dur i fastigós, que em feia menjar a la força (gairebé sense mastegar-lo i aguantant la respiració). No recordava l'olor del fetge, però sí la del cuiro ranci de la meva cartera, i la del plumier de fusta, farcit de llapis de colors Alpino (els Caran D'Ache eren massa cars), i la de la xocolata del berenar, amb regust de garrofa (que no tenia res a veure amb la que el meu pare portava de Guinea). I, com si les olors excitessin les imatges, vaig rememorar també l'exhibicionista del carrer del darrere que, fent veure que pixava, ens ensenyava un penis grandiós i rosaci, com mai no n'havíem vist cap, i les passejades dels dimarts fins a l'església de Sant Miquel dels Sants, al carrer de l'Escorial, i el Dia de la Fam (aquell dia no menjàvem, era fantàstic), i les classes de dansa i mim amb el senyor Font, les més esperades i divertides de totes, i les representacions teatrals que fèiem cada primer de maig al Palau de la Música, i el dia aquell que el senyor Albert em va dir que no servia per tocar la flauta i que ho provés amb l'harmònica. Nosaltres ja ens adonàvem que aquelles escoles no eren com les altres (sobretot si les paràvem amb el Colegio Academia Alfonso X, on els calbots i els cops de regla estaven a l'ordre del dia), però llavors no en sabíem ben bé el motiu. I si ens l'haguessin pogut explicar estic segur que no l'hauríem entès.

Ben mirat, vaig pensar, el que les Escoles Laietània feien era aprofitar al màxim les escletxes que el sistema educatiu franquista permetia, tot i que amb una vocació *humana y cristiana*, segons la propaganda de l'època. I, en alguns casos, se la jugaven olímpicament, sense estridències ni rebomboris. A les classes de pàrvuls i de primària es feia servir la *lengua vernácula*, com si fos la cosa més normal del món (a pesar d'estar prohibit), i no es tocaven himnes, ni s'hissaven banderes ni es penjaven retrats (o es penjaven per passar una inspecció). A més a més, els càstigs físics brillaven per la seva absència.

De com vaig anar a parar a aquelles escoles que es podrien considerar catalanistes, quan els meus pares tenien unes altres preferències lingüístiques (potser pel conflicte afegit de l'aranès, que a casa encara es parlava), és un misteri que mai no havia aconseguit esclarir del tot. La resposta més plausible, vaig pensar, devia tenir alguna cosa a veure amb la mare de l'Enric Monferrer. La senyora Monferrer comprava al mercat de l'Estrella del carrer de la Providència, igual que la meva mare, i totes dues acostumaven a trobar-se a les mateixes parades. Segurament ella va tenir la culpa (o l'encert) de dir que el seu fill anava a aquelles escoles tan modernes i avançades, on es feien tot tipus d'activitats extraescolars. A mi em donaven altres raons, però si no havia estat la capacitat de convenciment de la mare de l'Enric no m'explicava que, un dia, quan jo estava a punt d'acabar els pàrvuls en aquell horrible col·legi de monges que podia haver-me trastocat per tota la vida, la mamà em digués alguna cosa així:

—A partir del curs que ve aniràs a les Escoles Laietània, com el fill d'una amiga meva, el papà hi està d'acord. És un bon col·legi, és a prop de casa, i els mestres són molt avançats. Això sí, hauràs de menjar tot sol, sense que ningú t'ajudi. També podràs fer activitats manuals, música, expressió corporal i excursionisme.

Però l'escola no ho era tot. Per molt que el canvi fos una millora important del meu estatus infantil, sense interferències opressives a l'hora del menjar (llevat de la senyoreta Carola), jo creixia desestructuradament, sense el meu pare al costat, i, en aquelles circumstàncies, vaig pensar, era poc més que inevitable que els pares dels meus amics es convertissin en un referent de primer ordre.

El pare de l'Enric era un home corpulent, de cabells rossos i ulls blaus, i respirava amb una certa dificultat. De vegades s'absentava del pis del carrer de Praga sense que l'Enric ens sabés dir si era per feina o per alguna altra raó (a casa dels Pons es comentava, en veu baixa, que era per culpa de les seves idees catalanistes). Quan hi era, acostumava a sortir un moment del seu despatx i ens saludava amablement, gairebé com si fóssim adults. Tot seguit, tornava a tancar-se i ja no podíem molestar-lo. Del passadís estant, se sentia el tecleig d'una màquina d'escriure. Al cap d'una estona, treia el cap per la porta de l'habitació on jugàvem i ens deia:

—Enric, si voleu podeu anar a jugar al carrer, però no pel camí de la Llegua i la caserna de la Guàrdia Civil. Ja m'enteneu el que us vull dir, ¿oi?

A la cuina, la senyora Monferrer es mocava per amagar un sofriment que ella deia que era refredat. Aleshores, l'Enric li demanava també permís, com si amb l'autorització del seu pare no n'hi hagués prou, i tots sortíem a jugar al carrer pensant precisament a escapar-nos pel camí de la Llegua i la «casa deshabitada» de darrere la caserna de la Guàrdia Civil. L'Enric era l'únic que es cagava a les calces i no volia acompanyar-nos-hi, però érem tres contra un i sempre guanyàvem. En acabat, era el que més fruïa en aquell cau de merda i escombraries. Hi anàvem d'amagatotis, no cal dir-ho, perquè el mateix que el senyor Monferrer li deia al seu fill també ens ho deien a nosaltres, i un cop allí ens dedicàvem a buscar compreses tacades de sang, calces estripades, gomes i altres restes que ens fessin imaginar vés a saber quins contactes carnals il·lícits d'esquena als guàrdies del tricorni.

El pare del Ricard era d'estatura mitjana, més aviat prim, ulls caiguts i cabells clenxinats. Es dedicava a la venda de mobles i era un apassionat de Gaudí. Escampats per tota la casa, hi havia dibuixos de l'arquitecte i d'alguns dels seus edificis més emblemàtics, preferentment de la Pedrera. Sentia una devoció extraordinària per aquell edifici, ben al contrari que per la Sagrada Família, que, segons ell, mai no havien d'haver construït. Quan la senyora Rossich no podia sentir-lo, s'exclamava:

—Ah!, els arquitectes i els temples de Déu i la Verge. Quant d'enginy desaprofitat. No l'hi digueu a la mare, el que us acabo de dir, ¿d'acord? —ens suplicava després.

Els diumenges assolellats, després de la missa a l'església del Santísimo Redentor, el senyor Rossich tenia el costum de portar els seus fills (el Ricard i la Mònica) a veure l'edifici de la Pedrera. Això sí, si l'Europa jugava a casa, primer tocava anar al camp de futbol del carrer de Sardenya. Alguna vegada m'invitaven a acompanyar-los, i jo feliç d'estalviar-me la inevitable excursió de cada diumenge al parc Güell amb l'oncle Alfonso. Per a mi, veure jugar l'Europa al costat del meu amic i aplaudir en Bordons, l'extrem esquerre, un dels nostres ídols de l'equip, era un privilegi del qual no gaudia sempre. El que em deixava bocabadat (no trobava una paraula millor per descriure la sensació de no saber si em divertia o m'avorria) era el que fèiem després del partit. El ritual, si fa no fa, sempre era el mateix: el pare del Ricard ens ficava a tots a la part del darrere del cotxe, ens advertia que no ens moguéssim, ni per respirar, i baixàvem pel carrer del General Sanjurjo i pel passeig de Sant Joan a cent per hora. Un cop arribats davant de la Pedrera, sans i estalvis, ens assèiem al banc de trencadís de la cantonada i ens dedicàvem a contemplar l'edifici. De tant en tant, el senyor Rossich pronunciava alguna d'aquelles frases incomprensibles per a nosaltres, ens mirava com esperant que li diguéssim que sí, i ens en tornàvem cap a casa, que el dinar ja devia ser a taula.

El pare del Víctor era el més esprimatxat de tots. Duia ulleres i bigotet, com el meu pare, però conservava una mata de cabells ben espessa. Ens rebia sempre amb cara de pomes agres, com si estigués a punt d'imposar-nos un càstig per haver comès alguna malifeta, i ens confinava a jugar a l'habitació del seu fill, cosa que, d'altra banda, era el que hi havíem anat a fer. Al cap d'uns minuts, treia també el cap per la porta de l'habitació, ens mirava tot seriós (d'una manera molt diferent de la del pare de l'Enric), com renyant-nos per jugar a la guerra i a soldats, i anava directe a embadalir-se amb la seva col·lecció de màquines i vagons de tren en miniatura. Els agafava amb cura de les caixes, els desembolicava amb mans de cirurgià, i, durant una estona, els feia lliscar per unes vies que tenia instal·lades en uns prestatges del passadís.

—Veniu, veniu i mireu quina perfecció i preciositat —ens cridava des del passadís—. Això sí que són joguines de debò i no les que us agraden a vosaltres.

I el Víctor s'enfadava, és clar, però de seguida continuàvem jugant a la guerra i als soldats.

A casa dels Pons hi anàvem només els dissabtes, ja que els diumenges tenien el costum de dinar a les quatre de la tarda i després ja era tard i el Víctor havia de fer els deures. Entre les germanes, germans, nadons, cosins, tietes i tiets que s'afegien a aquells àpats dominicals, la casa es convertia en un guirigall de converses, crits i rialles fins al capvespre, tot just a l'inrevés de la meva, on la tristor per l'absència del meu pare regnava tot el dia. Potser per això em moria de ganes que em convidessin a dinar algun diumenge, vaig pensar; no el Víctor, ja que ell no s'imaginava que jo pogués tenir el més mínim interès per aquelles interminables reunions familiars, sinó la senyora Pons, que sempre em preguntava quan aniria a l'Àfrica per veure el meu pare. Però mai no va fer-ho, mai no va dir-me: «Lluïset, ¿t'agradaria quedar-te, aquest diumenge, a dinar amb nosaltres?».

Santa Isabel (Fernando Poo), desembre del 1963.
Fill meu,
Ara no et podràs queixar. Dues cartes en quatre mesos, tot un rècord. El fet és que no em podia estar d'escriure les coses que passen i que ens passen, que són moltes. I com que tu ja tens edat d'entendre-les una mica, prepara't, que aquesta és una carta llarga.

Respecte a les coses que passen i la situació social, tothom diu que l'autonomia servirà de ben poc i que el procés de descolonització té el perill de convertir-se en una olla de grills. Em temo que els bubis, que són els habitants originaris de l'illa de Fernando Poo, però una minoria amb relació als fang de Río Muni, hi sortiran perdent. N'he arribat a conèixer uns quants i et puc dir que, a banda dels rituals i la màgia que practiquen, són intel·ligents i saben organitzar-se per explotar les seves parcel·les agrícoles. És això el que desperta més enveges entre els fang, un poble en principi més predisposat a fer guerres tribals que no pas a la disciplina del treball. Si vols que et sigui sincer, em fa l'efecte que els bubis no volen ni l'autonomia. I no la volen perquè prefereixen estar totalment emparats per Espanya que dependre d'un govern de majoria fang, per molt democràtic que sigui. Aquí, a Guinea, com a tot l'Àfrica, la paraula *democràcia* no té cap sentit (en això, desgraciadament, són com nosaltres). A mi em pregunten sempre si el fet de ser autònoms significa que ja no seran com la resta dels espanyols de la Península; jo, francament, no sé què respondre'ls. Pobrets. El cas és que els blancs també ho passarem malament, i fins i tot és possible que ens veiem obligats a tocar el dos. El temps ho dirà.

Pel que fa a les coses que ens passen, vull explicar-te una història ben diferent. A la fi de novembre, em van invitar a una festa per la collita del cacau. Era a l'Hacienda Natividad, un típic casalot colonial situat en una plantació propera a Santa Isabel. La tieta Remei va insistir que l'hi acompanyés, perquè el tiet Ramon no volia anar-hi. Tenia interès a quedar bé amb la Pepita Blasco, una amiga seva de València que viu allí amb el seu marit. La Pepita, a banda de pintar uns quadres magnífics i d'ensenyar-li el seu art a la tieta, és la comptable de la companyia Nogués i Tarrado, propietària de la casa i de les finques que la rodegen. Durant la festa, vaig conèixer personalment el gerent i amfitrió, en Tomàs Rimbau, de Reus. L'havia vist alguns cops pel Casino de Santa Isabel, però per casualitats de la vida mai ningú no ens havia presentat.

Jo no podia saber-ho, però tots dos teníem molts aspectes en comú, i no sols per l'aspecte, ja que ens assemblem una mica. Pel que en Rafel Izquierdo va explicar-me uns dies després, en Rimbau també va fer la guerra al bàndol republicà, amb disset o divuit anys, en tasques de transmissions a la reraguarda. Érem de la mateixa lleva, d'aquella fatídica lleva del biberó condemnada a morir en la batalla i, si no, a fer el servei militar al bàndol contrari (d'això últim, estranya paradoxa, ens en vam lliurar per curts de vista). Devíem coincidir al front de l'Ebre, n'estic segur, però ell es devia estar amb el bandarra del Campesino, a l'Ametlla de Mar, sense entrar en combat ni sentir la fortor dels cossos en descomposició pertot arreu. En Rimbau també va tenir més sort que jo a l'hora de poder estudiar agrònoms, després de la Guerra Civil. A mi no em van deixar, i vaig haver d'acontentar-me amb el títol de Pèrit Agrícola (curiosament no me'n recordo, d'ell, a l'Escola d'Enginyeria, on segur que vam alternar més d'una assignatura). Segons en Rafel, algú de la seva família de Reus era prou influent i va aconseguir que els seus antecedents republicans no es tinguessin en compte, a més a més d'alguna altra concessió més gruixuda que hauria d'haver fet perquè no l'afusellessin. A mi, en canvi, em van deixar lliure del camp de concentració gràcies a les meves qualitats de rapsode (això ja t'ho he explicat més d'un cop). Fins i tot em feien anar a la ràdio per recitar poemes, sobretot els d'en Llopis, i es pixaven de riure. ¿Què et sembla? Encara que no ho creguis, o tu no les valoris, aquestes coses, el teu pare tenia qualitats artístiques, unes qualitats que, com a mínim, van servir perquè no el passessin per les armes en acabat de la Guerra.

Bé, doncs el pobre Rimbau s'ha ficat en un embolic que riu-te'n dels meus. L'home acabava de conèixer-me, però em va agafar confiança de seguida. Va ser la Pepita Blasco, a instàncies de la tieta Remei, qui ens va presentar. Ell em va dir més o menys això: «Lluís Artigues, germà de la Remei Artigues, sí senyor, de les finques de cacau de Requejo i Alsina, un cacau de finques». Vaig restar uns segons somrient com un babau i sense saber què dir, en part per la resposta i en part perquè pensava que en Rimbau mai no s'havia fixat en mi. Però no, sabia qui era, jo, de la mateixa manera que jo sabia qui era, ell, i em va assegurar que coneixia els cognoms de gairebé tots els blancs que treballaven en explotacions agràries a Fernando Poo.

En Rimbau em va donar un parell de copets a l'esquena, com disculpant-se per haver fet aquell joc de paraules tan estúpid, i em va oferir tabac i un whisky. En aquell moment em va semblar una persona ocurrent i segura de si mateixa, però després vaig adonar-me que no era amo dels seus actes i que s'havia ficat en un embolic que ni ell mateix sabia com sortir-se'n. Érem als porxos, parlant de la collita d'enguany, dels problemes que comporta el conreu del cacau, de la importància de tenir uns bons bracers que se sentissin a gust a les plantacions, amb les seves mullers vivint amb ells a les cabanes, quan, de cop i volta, sense més preàmbuls, em va explicar que havia perdut el senderi per una nadiua de l'ètnia bubi que acabava d'enviudar, tot just ara, un parell de setmanes abans de tornar a Reus per casar-se amb la seva nòvia de tota la vida. Em vaig quedar de pedra. Allò no era només una relació amb la muller d'algun bracer agraït per haver-lo contractat, o amb una *mininga* fixa, coses compatibles amb el fet de ser un home casat i tenir la dona a la Península. Pel que deia i com ho deia, la conclusió era que en Rimbau s'havia enamorat de debò d'aquella nadiua i no pensava deixar-la.

Més tard, quan feia estona que cadascú anava pel seu cantó, va venir cap a mi per dir-me que havia vist l'Uribe (un paio gras i pèl-roig, confident de la policia, que ens queia molt malament) amb un negre encorbatat de rostre llustrós i esguard inquietant que no coneixia de res ni havia invitat a la festa. Tots dos eren al passadís del primer pis, molt a prop del seu dormitori, com si l'estiguessin espiant a causa de la seva conducta amb aquella negra que acabava de quedar-se vídua. Això era absurd, li vaig dir, l'*article cinquè* (pel qual et podien expulsar de Guinea si la teva conducta sexual era indecorosa) ja no s'aplicava a cap blanc, havia caigut en desús. Ell va fer que sí amb el cap, però em va confessar que no m'ho havia explicat tot, pel que feia a aquella dona, i que hi planaven unes circumstàncies molt particulars, com per exemple les paraules del seu marit abans de morir enverinat, que si les pogués revelar segur que canviaria d'opinió. Potser tenia raó, vaig pensar, i m'hauria agradat saber quines eren aquelles circumstàncies i paraules tan particulars que no podia revelar, però me'n vaig quedar amb les ganes. Tot seguit, en Rimbau va sortir al jardí per saludar uns invitats que arribaven i ja no vam tornar a coincidir. Si vols que et sigui sincer, a mi em sembla que aquest home s'ha begut l'enteniment i pateix una paranoia aguda. Segur que els llibres d'aventures exòtiques que he vist a la seva llibreria l'afecten massa, o ha anat a més d'un ritual de trànsits i possessions d'esperits, però crec que és un bon paio. Vull dir que no el veig com un *finquero* desaprensiu d'aquests que, com l'Uribe i un cert Álvaro Souto, que encara és de pitjor mena, van amb el fuet a la cintura i creuen que els negres són una raça inferior que només n'aprenen si se'ls castiga i humilia.

Bé, m'he allargat més del que pensava i ja no tinc més paper. En la propera carta espero poder contar-te el final de la història, si és que n'hi ha un.

Un petó i una abraçada. El teu pare que t'estima.

A banda de les confessions «privades» de la primera carta, era la primera vegada que el meu pare s'esplaiava amb una història colonial tan pujada de to. En aquells anys, quan li preguntàvem res sobre Guinea acostumava a ser prou reservat: o no badava boca o ens desautoritzava a tots dient-nos que no teníem ni idea de com eren els negres. El que tornava a sorprendre'm era que m'escrivís com si s'adrecés a un adult, vaig pensar. Amb nou anys, jo no n'hauria entès un borrall, i encara menys si hagués llegit la primera carta amb quatre anys i mig, per bé que en aquest cas era evident que l'havia escrit per a ell sol.

Vaig tractar de memoritzar alguns detalls de la façana i el jardí de l'Hacienda Natividad (el quadre, pintat per la tieta Remei, penjava d'una paret del meu pis) i d'imaginar-me l'enrenou de la festa i la xerrada del meu pare amb en Rimbau caminant pels porxos i els parterres de l'entrada, amb el cigarret en una mà i el got a l'altra. La història m'interessava, sobretot perquè durant una època em va crear algun conflicte personal sobre les decisions que es prenien sota els efectes de l'amor. Amb disset o divuit anys, si no ho recordava malament, vaig acompanyar el meu pare a visitar la muller d'en Rimbau. El drama personal d'aquella dona em va impressionar profundament. De primer, vaig sentir que odiava aquell home, però poc després vaig sentir que el comprenia, a pesar del mal que indirectament havia causat. I ara frisava per saber el final de l'aventura, perquè estava segur que el meu pare l'explicava més endavant, però no volia saltar-me l'ordre de les cartes, o llegir-les en diagonal intencionadament. Tot allò que el meu pare havia escrit, vaig pensar, m'arribaria en el moment precís, sense sotragades, o amb les sotragades que el seu propi ritme d'escriptura marcaven. M'acontentava a rescatar els records de l'oblit, records que les seves paraules activaven, si més no per contrastar la seva visió de mi, tan diferent de la que jo tenia d'ell quan era un infant o un adolescent. Després de rumiar-hi uns segons, i de considerar diversos aspectes, vaig arribar a la conclusió que aquella història d'amor interracial d'en Rimbau era més honesta que les «relliscades» del meu pare amb les mullers dels bracers. Però això no era el pitjor, vaig pensar. Que l'home que m'havia donat l'ésser s'enllités amb més o menys negres al seu abast, i que fins i tot els seus propis marits les hi oferissin, tant se me'n donava. El pitjor de tot era que mentre ell s'estava a l'Àfrica, ben disposat a tastar tots els plats autòctons que li servien a taula, la seva dona i els seus fills ens moríem de fàstic a Barcelona.

Llavors, com si la paraula *fàstic* hagués obert altres portes tancades de la memòria, portes que segurament ja no podrien tornar-se a tancar, vaig sentir la tristor dels diumenges sense ell, les excursions solitàries amb l'oncle Alfonso al parc Güell (jo darrere seu per la drecera, sense badar boca i trepitjant les mateixes pedres que ell), la imatge aterridora de l'edifici del Cottolengo (on lligaven els nens tarats a les parets com si fossin gossos), el passeig amb la mamà i la Cristina fins a la pastisseria El Formentor (per comprar un tortellet), la tornada a casa pel carrer de les Camèlies, la ronda del Guinardó de baixada (buida de gent perquè era l'hora de dinar), la Librería-Papelería Europa (oberta fins tard per vendre l'últim diari esportiu), el Bar Avenida (ple de gom a gom de gent que feia el vermut), la lleteria de l'home que ens feia por (de gran vaig saber que aquell home, assegut sempre al vestíbul de la porta, era un exrepublicà que sobrevivia de mala manera), la botiga de complements elèctrics d'una família que vivia allí dins (el fill tenia la meva edat i sempre em mirava malament, fins i tot quan anys després vam coincidir a la Facultat d'Econòmiques), la Churrería Pérez (que empudegava tot el carrer d'oli refregit), la Farmacia Pou Pradell (el senyor Pou sempre em regalava caramels de sucre en forma de boletes de colors), el Garage Teide (on el meu pare guardava el Vauxhall, ben tapat per una funda), el Colmado Masgoret (segons la mamà era caríssim, però sempre hi comprava), el Bar-Bodega Santos (de tant en tant, hi entràvem amb tota la colla per comprar una gasosa), l'Academia Lloret, el descampat de la plaça d'Alfons X, el Colegio Academia Alfonso X, entremig dels carrers del General Sanjurjo i de l'Alcalde de

Móstoles, el parc de les Aigües, sempre tancat amb pany i clau, el camí de la Llegua, la caserna de la Guàrdia Civil i la «casa deshabitada» del darrere. Que trist, tot plegat, que tristos, aquells àpats dels diumenges (que jo volia que s'acabessin al més aviat possible per anar amb el Ricard al cine Iberia o al Delicias), sols a taula la meva mare, la meva germana i jo (l'oncle Alfonso era vegetarià i dinava sempre a la cuina), enmig d'un silenci sepulcral que encara ens feia sentir més profundament l'absència del papà.

Santa Isabel (Fernando Poo), març del 1964.
Benvolgut fill,
El cor se m'omple de joia. El que t'anunciava a la meva carta anterior s'ha complert. Acabo de firmar la quitança a Requejo i Alsina (s'han quedat una mica estranyats, però al final han entès les meves raons) i el mes vinent torno amb vosaltres, per sempre. A partir d'ara viurem a Reus, província de Tarragona. T'agradarà, Reus, n'estic segur, molt més que Barcelona, que s'ha fet massa gran i irrespirable. Tot gràcies a en Tomàs Rimbau (ja ho veus, la vida és plena de casualitats). Arran d'un comentari meu sobre deixar Guinea, perquè no hi veia el futur gens clar, em va dir que era un exagerat, però que si estava decidit a anar-me'n, en Giralt, de les finques de San Carlos, estava buscant un enginyer tècnic agrícola de confiança que volgués tornar a la Península. La feina consisteix a treure més rendiment dels camps de presseguers que té pel Morell i la Pobla de Mafumet i controlar la producció d'una fàbrica de farina de peix, situada al terme municipal d'Alcover. Dit i fet. La setmana passada vaig anar a San Carlos per parlar amb el senyor Giralt (ja ens coneixíem de la festa a l'Hacienda Nativitad), i ens hem posat d'acord de seguida.

La mamà encara no ho sap, ja veuràs quina alegria quan li envïi un telegrama urgent per dir-li que vinc el mes que ve o l'altre. I si hi ha línia, potser demano una conferència telefònica per parlar directament amb ella, i amb tu, i amb la teva germaneta. La veritat és que no em puc entretenir gaire, perquè haig de fer un munt de tràmits abans que pugui enllestir-ho tot. No creguis que és tan fàcil, això de deixar la feina a Guinea amb tot el que representa un canvi de residència d'aquestes característiques. A més, hi ha un assumpte greu que he de resoldre, ara no te'l puc explicar, però imagina't per uns instants que jo sóc com en Rimbau, o que em passen les mateixes coses que a ell. ¿Oi que m'entens?

Crec que he pres la decisió correcta, i no només per vosaltres sinó perquè aquí la sensació general de tothom és de pessimisme, com de final de l'època colonial. Ningú gosa parlar-ne, és com una desgana col·lectiva que sura a l'ambient, i per això hi manca l'entusiasme d'abans. Pot durar dos, tres anys, qui sap, però tothom s'adona que aquest paradís colonial acabarà com el rosari de l'Aurora. En Manel Argensó ha decidit també tornar-se'n definitivament (fins ara només ho deia però no ho feia) i obrir una agència de duanes a la plaça del Palau, a Barcelona, amb sucursal a Tona (és una broma). Ell rai, que a Bata ja s'hi dedicava, al negoci de les exportacions i dels tràmits duaners, associat amb en Rafel Izquierdo, de Santa Isabel. Ja t'he escrit alguna vegada d'en Rafel Izquierdo, per damunt, però no t'havia dit que és un home pel qual posaria la mà al foc. Una persona íntegra que no t'enganya mai. No com altres de la Cambra Agrícola o del Comitè Sindical del Cacau, que et diuen una cosa i després en fan una altra. No senyor, desgraciadament, no n'hi ha gaires com el bon jan d'en Rafel.

A la tieta Remei no hi ha qui la convenci ara de fer les maletes, ni al tiet Ramon tampoc. Ella està entusiasmada pintant un quadre rere un altre, amb la seva inseparable Pepita Blasco, i ell es passa nit i dia a les plantacions, amb els bracers. El que a la tieta no acaba de fer-li el pes són les absències recents del Jaume i del Josep-Antoni, per motius ben diferents. Però estic convençut que era el millor per a ells. El Jaume, des que va acabar la mili aquí, a Fernando Poo, tan sols esperava que el seu futur sogre el posés al capdavant de la botiga de roba d'Arenys. No m'estranyaria que, si les coses li van bé, es casi amb la Virtuts abans d'un any. I el Josep-Antoni més val que no gandulegi i acabi el batxillerat, que ja és una mica grandet. Aquí no feia brot. Dels teus cosins, només el Joan-Carles resta a Fernando Poo. Ara que hi penso, fa poc que treballa amb en Rafel Izquierdo i s'entenen a la perfecció. Jo mateix vaig recomanar-l'hi. Aquest no se n'anirà de Guinea ni que ens en facin fora a la força, ja ho veuràs.

Parlant de bodes, en Rimbau s'ha casat i ja és aquí amb la seva dona, la Roser. Se'l veu més tranquil que el dia de la festa, però em mira enigmàticament, com si em prohibís que li fes cap comentari relacionat amb l'assumpte d'aquella nit. Per aquesta raó no m'he atrevit a preguntar-li com li anava amb la negreta bubi. Ara sí que em quedaré amb les ganes de saber el final de la història. Espero que algun dels seus amics, o ell mateix, me l'expliquin algun dia.

Bé, per acabar vull dir-te que estic molt content de tenir l'oportunitat de començar una nova vida amb vosaltres. Tants sofriments al final han valgut la pena.

Us estimo molt. Una abraçada. El teu pare.

Quan la meva mare em va dir que el nostre pare tornava de l'Àfrica definitivament i ens n'anàvem a viure a Reus, no vaig sentir cap alegria, ben al contrari. Tal decisió significava separar-me dels meus amics, sobretot del Ricard, de les seves famílies (que, d'una manera o d'una altra, m'havien fet sentir que no era orfe de pare), de les Escoles Laietània, dels carrers costeruts i els descampats del Guinardó, del camí de la Llegua i la «casa deshabitada», dels gronxadors de la ronda, del camp de futbol de l'Europa, de les inevitables excursions dominicals al parc Güell amb l'oncle Alfonso, de tot allò que havia estat fins llavors el meu món d'infant i que, de sobte, s'esvaïa incomprensiblement. Durant uns dies vaig cobejar l'esperança que la mudança no s'arribés a fer, però les coses van anar com estaven previstes: el meu pare va tornar de Guinea i nosaltres ens vam traslladar a viure a Reus, concretament al barri de Niloga, un barri nou que havien edificat just davant del camp de futbol del Reus Deportivo.

De bon principi no em va agradar gens ni mica, aquell barri. Els blocs de pisos s'assemblaven als habitatges dels suburbis de Barcelona (que vèiem quan sortíem amb el tren en direcció a Tarragona), el terra dels passadissos interiors tenia graveta o alguna mena de ciment rugós (un risc per als genolls al descobert) i el descampat del mig estava en obres. Però érem a l'estiu, vaig pensar, i els xiquets de la meva edat es passaven la tarda jugant-hi a futbol. Marcaven un campet movent les formigoneres de lloc i els maons servien de pals de porteria. Jo els mirava des de la terrassa del primer segona del primer bloc, arronsant el nas i fent cara de sorrut, com si no m'haguessin donat permís per anar a jugar amb ells. Res més lluny. El cert era que no m'atrevia a baixar al carrer perquè pensava que ja eren massa colla i no m'acceptarien. A més a més, els veia molt compenetrats, amos i senyors d'aquell espai indefinit en construcció, sense cap necessitat d'acollir ningú més. Tenien noms que jo havia après de memòria, però n'hi havia cinc que eren els meus preferits: el Duch, el Moro, el David, el Mordock i el Pingüi. Gairebé els coneixia com si formés part de la colla. Una tarda, vaig adonar-me que eren senars i tenien problemes per formar els equips. Els nervis em van paralitzar durant uns segons. Sense pensar-m'hi dues vegades, vaig dir-li a la mamà que me n'anava al carrer a jugar a futbol. Ella va dir que d'acord, però que anés amb compte i no tornés més tard de les nou, que era quan acabava de banyar la Cristina. De sobte, com per art de màgia, ja no era a la terrassa de casa mirant-los sinó amb ells, al bell mig del descampat, com si fos la cosa més normal del món. Per a sorpresa meva, ningú no va estranyar-se de veure'm allí, oferint-m'hi. La llei era molt senzilla: o sabia jugar a futbol o no. I si no en sabia, de porter. Per sort en sabia una mica, gràcies sobretot a les pràctiques que feia als estius a la terrassa de la Torre Maria de Tona, i així vaig entrar a formar part de la colla amb bon peu.

Pel que feia a la qüestió escolar, a la meva germana la van matricular al col·legi de les monges de la Presentación i a mi a l'Instituto de Enseñanza Media Gaudí, com a centre oficial, i al col·legi dels pares salesians (no en recordava el nom, si és que en tenia), com a centre complementari i de repàs. Era un sistema singular, aquell, vaig pensar. Al matí anàvem a l'institut, on es feien les classes de debò i ens examinàvem, i a la tarda amb els capellans, a completar la nostra formació acadèmica, sense oblidar els valors religiosos, tan importants a la vida. El més interessant, però, era la possibilitat de jugar a futbol com Déu mana. Davant la façana del col·legi, hi havia el camp, amb porteries reglamentàries i tot. Era prou petit, però la primera vegada que el vaig veure em va semblar immens en comparació amb el descampat del barri de Niloga. Em va fer gràcia, també, que l'institut es digués Gaudí, en honor del molt il·lustre arquitecte reusenc, que, casualment, no havia nascut a Reus (com deien les enciclopèdies) sinó al terme municipal de Riudoms. El nom m'evocava el pare del Ricard, és clar, i a ell mateix, que, de tots els companys de Barcelona, era qui s'havia quedat més trist amb el meu canvi de domicili.

Fent un esforç de comprensió, vaig pensar, aquell sistema dual d'institut al matí i pares salesians a la tarda hauria pogut funcionar bé si els capellans, a més de la disciplina per a l'estudi, els esports i una petita dosi de religió (com era normal tractant-se d'un col·legi catòlic), no s'haguessin entestat a fer-nos passar per un veritable calvari litúrgic de misses, confessions, rosaris, viacrucis, visites contínues al Senyor i novenes per aconseguir indulgències. Una gran part de les tardes, en detriment quasi sempre del nostre temps d'esbarjo, la dedicàvem a anar dels Misteris Gloriosos als primers divendres de cada mes, de les benediccions amb la Sagrada Forma dins la Custòdia al *Tantum ergo sacramentum*... i al *Como flores de olivo*..., o *Ave Luz Mañanera*..., dels exercicis espirituals als miracles de San Juan Bosco i Santo Domingo Savio, de les pregàries a María Auxiliadora, *Maria Auxilium Christianorum, ora pro nobis*..., a la beatificació de Doña Dorotea de Chopitea, i així fins a la salvació eterna de les nostres ànimes condemnades. Tot plegat per només un pecat, el mateix de sempre, amb totes les seves variants i freqüències. I per evitar que hi caiguéssim, o per obligar-nos a la confessió amb tots els ets i uts, eren capaços de tenir-nos segregats durant hores i hores.

Aquelles sessions litúrgiques la finalitat de les quals era ficar-nos la por al cos, per si ens havíem tocat, sols o en companyia, començaven de ben jove, als deu, onze anys, quan molts de nosaltres encara no sabíem res de tocaments ni d'actes contra l'honestedat. Abans que tinguéssim un coneixement natural del nostre propi sexe, ells ja ens havien condemnat de bell antuvi, ja havien fet malbé la nostra innocència. Quina diferència amb el que havia viscut fins llavors, vaig pensar. A banda del parvulari al col·legi Cardenal Espínola, que ja quedava molt llunyà i més valia oblidar-lo, havia passat per unes escoles, com eren les Laietània, on els aires d'una certa llibertat, amagada de portes enfora, ens alleujava una mica d'aquella educació tan repressiva de l'època. Llavors no podíem adonar-nos-en, del que passava, però en la nostra inconsciència ho agraíem, n'estic segur (per bé que jo tingués un desig infantil de canviar d'escola simplement per passar més estones amb el meu inseparable Ricard).

Per començar, ens feien anar amb bates de colors, com les dels pintors, i no amb aquelles horribles bates de ratlletes grises amb el coll i el cinturó blau marí (en això sí que ens n'adonàvem, que érem diferents). I no recordava que hi hagués discriminació de sexes, almenys tal com ara començava a patir-la. Fins i tot la primera comunió havia estat diferent de la de tothom. La vam fer a l'església de les Llars Mundet en lloc de la parròquia del barri o del col·legi. Hi havia llum i espai, vaig pensar, vitralls de colors i unes escultures modernes a la façana de la capella, de traços rectilinis, que potser ara no m'agradarien ni de lluny. No teníem por, se'ns veia. L'Enric i jo, i la resta de nens, anàvem amb una túnica blanca per damunt de la nostra roba de diumenge, amb una caputxa de frare i tot, i no paràvem de riure. Res, doncs, d'anar vestits de *marinerito* o per l'estil. Vam combregar contents de fer aquell pas, sense saber gairebé per quina raó el fèiem, però satisfets. Tal vegada sentíem que no sentíem res en especial, com si ja fóssim al cel.

San Carlos (Fernando Poo), octubre del 1966.
Fill meu,
No es pot dir mai d'aquesta aigua no en beuré. Ara sóc a Guinea. Ja ho veus, jo que em pensava que mai més no hi tornaria. Però com us vaig dir, el senyor Giralt em va demanar que fes una ullada a les seves

plantacions de cacau, ara que ell també és a Reus, i que filmés les panotxes, per veure si tenien bon color, així com les primeres fases del *beneficiat*. Només m'hi estaré un parell de mesos, però el retorn m'ha trasbalsat una mica, he de reconèixer-ho. Si més no, i em sap greu dir-ho, em fa l'efecte que aquests dos anys a Reus han passat volant, com en un obrir i tancar d'ulls. Hem viscut junts, hem tractat de conèixer-nos, però no estic segur d'haver-m'hi adaptat com vosaltres esperàveu. La relació amb la vostra mare de vegades és tensa, no ens posem d'acord en res; si jo dic blanc ella diu negre, i al final ho acabeu pagant vosaltres, que no en teniu la culpa. Espero que a partir d'ara les coses vagin millor. No saps com enyoro les tardes dels diumenges al xalet de la tia Mercedes, a Tarragona. Però de moment us les haureu d'arreglar sense mi.

Com et deia, aquest retorn m'ha trasbalsat una mica, però també m'ha fet comprendre algunes coses. Tot el que em passava a Reus és conseqüència de tants anys d'haver viscut lluny de vosaltres, treballant intensament a les plantacions i havent de suportar calors, humitats i picades de mosquits. Quan he tornat a Guinea ho he comprès de seguida. Era com si no n'hagués marxat mai. Les olors de la terra m'embriagaven i la calor humida se'm ficava fins al moll de l'os. Per aquesta raó els cossos de les dones africanes són lluents i generosos, com fruits madurs la pell dels quals es treu suaument. Un assumpte del diable, n'estic segur; si no, no s'entén que cada vegada n'hi hagi més. ¿Vols que et digui una cosa que és un secret a veus? Tots els blancs que s'hi estan amb la dona preferirien haver-la deixat a la Península. Tal com ho sents, i que Déu em perdoni. Només en conec una excepció: en Rafel Izquierdo, però aquesta és una altra qüestió. L'Adela és una mala bèstia. Quan et cases amb una dona així, per molt espaterrant que sigui, ja has begut oli, fill meu. Més val una *mininga*, o una dona de la vida. I no et sorprenguis ni et posis vermell pel que t'acabo d'escriure.

Amb relació als problemes socials i polítics, això cada cop s'enrareix més. Em sembla estrany de veure tantes sigles de partits polítics, mentre que als blancs se'ns prohibeixen, aquí i a la Península. Sense anar més lluny, fa quatre dies encara existia el Patronato de Indígenas, una institució colonial la finalitat de la qual era decidir sobre el raciocini i la capacitat civil dels negres, i ara resulta que fins i tot els donen més llibertats polítiques que a nosaltres. Cal veure-ho per creure-ho.

El que ha succeït era fàcil de preveure. L'autonomia, en lloc d'apaivagar els ànims, els ha excitat. La mateixa nit de la meva arribada a Santa Isabel, en Ramon Sangenís, el representant de la major part dels cotxes d'importació, va posar-me de seguida al corrent. La cosa es complica d'un dia per l'altre. Fins i tot en Rimbau, que fa un parell d'anys em titllava de romancer, ara va dient que la independència es veu a venir i que ens hem de preparar per al pitjor. Segons en Sangenís, és més pessimista que ningú i creu que hi ha una conspiració anticolonial encapçalada per alguns blancs que ja em puc imaginar qui són. Continua veient-se amb aquella negra (jo mateix ho acabo de comprovar amb els meus propis ulls), aprofitant que la Roser, la seva dona, s'està més temps a la Península que a Fernando Poo. D'aquesta qüestió, en Sangenís només me n'ha dit, molt discretament, que a la Roser no li anava gens bé el clima tropical (en això coincideix amb la mamà).

Amb en Rimbau encara no he pogut intercanviar més de quatre paraules, però de la nostra trobada n'hi ha per escriure un conte. Fa només unes hores que acabo de veure'l, a la Comtalenca, una finca que limita amb la nostra. Jo anava vorejant els marges, prenent vistes d'aquella zona de la plantació, per a la pel·lícula d'en Giralt, i ell arribava en una camioneta Chevrolet pel camí de roderes que condueix a la carretera de San Carlos. Al principi no m'ha vist, i jo no he sortit al camí, per si de cas no era ell i ficava la pota. Però sí que l'era. El primer que he pensat, en veure'l clarament per la finestreta, és que havia vingut per fer una inspecció rutinària de la finca del costat, ja que sabia que ell n'era el responsable.

Aleshores, però, ha fet una cosa molt estranya: ha obert la porta dreta de la camioneta, i, abans que jo tingués temps de dir-li que era allí, una negra amb un farcellet a la mà ha sortit de dins el bosc, com per art de màgia, i ha anat corrents cap al vehicle. He filmat l'escena, fins i tot una part de la carrera de la dona. En aquell moment m'ha fet gràcia de pensar en la coincidència, perquè en Rimbau també m'havia filmat a mi una vegada, en una situació que no era ben bé la mateixa, però tampoc gaire diferent. Un cop que ella ha entrat a la camioneta i s'ha assegut, ell li ha fet un petó i, sense entretenir-se més, ha girat el volant per tornar a la carretera. M'ha semblat que era el moment de sortir al camí per immortalitzar amb la càmera la nostra trobada. Tanmateix, quan, en passar per davant meu, m'ha vist, s'ha quedat de pedra, com si jo fos una aparició. Atabalat com estava, m'ha preguntat què hi feia, allí, i per què el filmava. Jo li he dit que acabava d'arribar a Fernando Poo, que m'hi estaria un mes o un mes i mig i que no el filmava a ell (tot i que sí que l'havia filmat) sinó la plantació, perquè en Giralt m'ho havia demanat. Quan ha sentit això s'ha distès una mica, li ha dit a la seva acompanyant que ja no calia que es tapés la cara amb les mans i, aleshores, m'ha fet jurar la discreció més absoluta. M'ha promès que ja en parlaríem, abans d'anar-me'n, i en acabat m'ha suggerit irònicament que velés algunes escenes de la pel·lícula, jo ja sabia quines.

Això t'ho puc a dir a tu, fill meu, que ja tens dotze anys. Aquesta negra que jo encara no havia vist mai, però de la qual havia sentit parlar per part del Tomàs mateix, és un tros de dona, però no en un sentit viciós, sinó sensual, o tot plegat, què sé jo. Té uns llavis gruixuts però fins, els pits rodons, la cintura estreta i els malucs pronunciats. Jo també hauria perdut el cap per ella, ho reconec. O potser és que també m'he begut l'enteniment. Que ta mare em perdoni. Ella és una marassa, però és més mare que dona, tu ja m'entens. I el desig d'un home no s'esgota durant la lluna de mel, o quan la llavor ja ha germinat. No sé com explicar-t'ho, ara, això, sense sentir-me ridícul. Hi ha coses que no t'he dit mai, que tu tampoc m'has preguntat, i que no sé fins a quin punt ja les saps pels amics. Segur que ja les saps pels amics. Tens dotze anys. Estalvia'm el mal tràngol. Els anys de la innocència ja s'han acabat; ara, desgraciadament, comencen els de les culpes.

Una abraçada. El teu pare.

Després de llegir aquella llarga carta, amb tantes reflexions «sexuals» i un final tan enigmàtic, encara em vaig quedar amb més ganes de saber la continuació de la història d'en Rimbau, si és que la història tenia una continuació diferent del que la meva memòria d'alguns fets de l'època tractava d'advertir-me. Eren records que ara em venien al pensament, comentaris aïllats, la visita que el meu pare i jo havíem fet a la dona d'en Rimbau, a Reus, remors de paraules que a la meva mare se li escapaven. Tot plegat anava encaixant de mica en mica, com si tan sols calgués seguir l'ordre cronològic de les cartes i no avançar-se.

Les descripcions que el meu pare feia de l'amant negra d'en Rimbau eren massa apassionades, vaig pensar, talment com si desitgés ficar-se a la pell del seu amic. D'altra banda, hi havia la possibilitat que tan sols em volgués fer partícip d'aquella complicitat per reflectir una imatge d'ell que no tenia res a veure amb la derrota dels darrers anys de la seva vida. Amb tot, qui en sortia més malparada era la pobra mamà. Els seus comentaris escrits m'havien incomodat, els trobava de mal gust (segurament perquè es referien a ella i no a la mare d'un altre), per bé que els podia arribar a entendre. En aquells moments, el meu pare ja no pensava en ella com a dona, el seu cor bategava entre els camps de cacau i el record d'una aventura que podia haver estat com la d'en Rimbau. Somiava a ser com ell i no s'atrevia a reconèixer-ho. Carregava amb la culpa del pesar per nosaltres, com sempre havia fet, però ja no creia que tot allò no l'afectava. L'afectava, és clar que l'afectava, per molt que a la primera carta fes veure que no.

El retorn del meu pare de l'Àfrica tampoc no va ser com jo l'esperava. Potser era que els canvis m'havien fet preadolescent i, sense saber-ne ben bé la raó, preferia anar a jugar a futbol a recuperar tot el temps perdut sense ell (això ara ni em passava pel cap). També sentia una mena de rebuig inconscient per haver-me privat de la seva companyia durant els primers deu anys de la meva vida. La veritat era que em feia vergonya que vingués a veure'm jugar un partit al col·legi, perquè em posava nerviós i no n'encertava ni una. Fins i tot em feia vergonya que em veiessin amb ell, i no suportava les tardes dels diumenges a Tarragona, al xalet de la tia Mercedes, on havíem d'aparentar que érem una família perfecta i ben avinguda. Aleshores jo encara no comprenia que els rics eren ells i nosaltres els pobres, els que no vam ser al bàndol vencedor de la Guerra Civil, els republicans convertits en no desafectes o indiferents al Règim, els menystinguts després de l'ensorrament de l'ínfim imperi colonial espanyol a l'Àfrica (i jo, a més a més, sense haver-hi anat). Tant era que la Rosita, la meva mare, fos germana de la tia Mercedes. La realitat era que la Rosita no havia fet un bon matrimoni (casant-se amb el meu pare) i, per tant, havia d'empassar-s'ho i fer com si la seva vida (la nostra) fos un conte de fades. I a fe de Déu que ho fèiem, vaig pensar, tots quatre arribant al xalet amb un somriure d'agraïment als llavis, com si sempre hagués estat així, com si ens esperessin amb candeletes per refregar-nos pels morros aquell luxe que nosaltres mai no tindríem.

Aquelles tardes de diumenge eren tardes de converses d'adults (el meu cosí Tinet se n'anava tot just ens veia aparèixer), partides entre ells al set i mig o a la canastra, berenars a l'*ofis* de la cuina, picabaralles amb la meva germana per qualsevol rucada, algunes imatges de calces i sostenidors furtades a l'*Elle* o al *Marie Claire* i la sempiterna música del *Carrusel Deportivo* a la ràdio. Eren tardes per oblidar, tardes fosques encara que fes sol, sense gaires possibilitats de fugir d'aquell ambient angoixant si el Nàstic no jugava a casa (el camp de futbol era molt a prop del xalet); tardes per passejar pel jardí, per les mateixes zones conegudes de cada diumenge: la piscina ronyonada amb les pedres poroses que l'envoltaven i les rajoles interiors de tons blavosos i dibuixos marins (tot en un estil Imperial Tàrraco però sense orgies), els vestidors subterranis on em vaig masturbar per primera vegada (quina sensació de solitud immensa, d'acabament dels anys de la innocència, com havia escrit el meu pare al final de la carta), la gespa ben segada de l'entrada, amb unes àmfores romanes plenes de fòssils marins autèntics, el camí de ciment que donava la volta al xalet, el petit camp de garrofers del darrere, la vinya del fons.

La tia Mercedes ens rebia rondinant. Gairebé no ens deixava trepitjar el terra de marbre polit, ni les catifes perses, però havíem de donar-li les gràcies pel seu acolliment. Tenia vocació de mestressa de casa, era estricta i manaire, fastuosa i gasiva al mateix temps, i s'escarrassava pel Tinet, a qui tothom considerava un model de fill, no com jo, que era esquerp i poc sociable. Ja podia estar ben agraïda a Déu per haver-se casat amb l'oncle Sisquet, vaig pensar, que, a més a més de ser de família burgesa, era un tros de pa. El renyava tot sovint, el pobre home, per les coses més innocents i normals, com fer un rot o deixar anar una ventositat, però ell s'ho prenia bé i no parava de riure, i d'endrapar. Un dia, va fer un pet com una gla, i, com si les desgràcies mai no vinguessin soles, tot va anar-se'n en orris. El xalet es va tancar, l'Ajuntament de Tarragona els va expropiar els terrenys per construir l'avinguda de Catalunya, les empreses de l'oncle van passar a mans d'uns altres socis o accionistes i la tia Mercedes i el Tinet, amb les butxaques ben plenes, això sí, van marxar primer a Madrid i després a Barcelona.

CAPÍTOL SEGON

III

PREÀMBUL

Encara faltaven més de la meitat de cartes per llegir, però eren ja tres quarts de nou i la cangur de la Irene segur que m'esperava ansiosament per plegar (una de les meves feines com a pare era la d'arribar a casa no més tard de les nou). Com que no començava a treballar fins al cap de dos dies, tenia temps durant tota la nit per prosseguir la lectura. I més en el punt en què el meu pare i jo ens havíem quedat. Em vaig aixecar del sofà amb una sensació estranya d'ingravitació. Les cames em tremolaven i el cap em donava voltes. Suava d'allò més. Vaig respirar fondo, recolzant-me a la paret, i, a poc a poc, la sang va tornar a córrer amb fluïdesa.

Mai no m'havia aturat a pensar com es veia de diferent una casa sense els seus objectes de sempre als llocs habituals, i com es feia de minúscula quan la comparaves amb els records de la infantesa. L'exemple més clar era el passadís que conduïa al lavabo, a l'habitació dels papàs i a la dels armaris (que després va ser la de la meva germana). Gairebé devia fer tres metres per un i escaig, però per a mi era un autèntic camp d'entrenament. L'oncle Alfonso es posava en un extrem i jo a l'altre. Una porteria era la porta de l'habitació dels armaris i l'altra la de la saleta. La pilota era més grossa que l'espai que les cames de l'oncle Alfonso deixaven sense cobrir, però a mi em feia l'efecte que hi havia un forat tan gran com llarg era el passadís.

Vaig desviar la vista cap als prestatges del moble llibreria del passadís del rebedor i se'm va fer estrany no veure-hi cap llibre, ni tan sols els volums de botànica o agronomia, que feien molt d'embalum. D'entre tots ells, em van venir de seguida a la memòria les novel·les de la Pearl S. Buck i en Somerset Maugham, farcides d'aventures exòtiques i picants, i les de l'hongarès Lajos Zilahy, més de tipus psicosociològic o per l'estil. De petit em prohibien llegir-les, i de gran ja no em van atreure. Potser per això era capaç de recordar-ne els autors però no els títols. En canvi, sí que era capaç de recordar títols permesos com *El candor del padre Brown*, de G. K. Chesterton, *Los cipreses creen en Dios*, de José María Gironella, o *Las mil peores poesías de la lengua castellana*, de Jorge Llopis (autor també de poesies còmiques que el papà acostumava a recitar per Nadal i festes d'aniversari); no tant per haver-los llegit alguna vegada, fet del qual no estava segur, sinó per la visibilitat dels seus lloms gruixuts. Finalment, als prestatges de sota, s'hi arrengleraven les novel·letes de l'*Oeste* de Zane Grey, Marcial Lafuente Estefanía i José Mallorquí (l'autor d'*El Coyote*), així com la col·lecció completa de butxaca d'E. Phillip Oppenheim (una literatura que sempre havia menyspreat).

El lavabo feia pena, de brut i ronyós. L'armariet emmirallat no tancava bé i els estris d'afaitar i les locions del meu pare s'hi amuntegaven en un ordre diferent del que ell ens havia acostumat, com si algú les hagués estat remenant abans que jo. No vaig mirar d'aprofitar-ne res. La tapa del vàter estava trencada i la cadena no funcionava. De dins la tassa, se sentia una ferum d'orins fermentats. Vaig pixar amb els ulls tancats i agafant la tapa amb una mà; una posició incòmoda que va fer que m'esquitxés els pantalons. En acabat, m'hi vaig asseure al damunt, per veure-ho tot com quan érem infants. Era com si mai no ens haguéssim banyat en aquella banyera rovellada per la vora del desguàs, cada divendres, quan arribàvem de l'escola, i com si mai no ens haguéssim eixugat amb unes tovalloles com aquelles, velles i esfilagarsades.

Vaig entrar de puntetes al safareig i vaig omplir un cossi d'aigua. Quan l'aigua s'escolava vàter avall em va venir una arcada, i el regust del menjar a la boca. Vaig deixar el cossi i vaig entrar a la cuina. Feia pena, també. L'esmalt de la pica s'havia enfosquit, als fogons hi havia greix i restes solidificades i el rebost era un cau d'ampolles de Johnie Walker buides i papers de diari tacats i podrits. A mitjan juliol havia anat a saludar el meu pare i no m'havia endut aquella impressió tan lamentable. I d'ampolles de Johnie Walker, només n'hi vaig trobar una, mig plena. Havent dinat, prenia un «saltet» de whisky rebaixat amb aigua, un vell costum de Guinea, ens deia sempre, i prou. D'altra banda, era evident que l'empresa de neteja contractada per la Cristina només s'havia fet càrrec dels fluids escampats per la saleta, i no amb gaire insistència (si no, no haguessin deixat taques de sang coagulada); i que la dona de fer feines habitual no hi havia anat en tot el mes. A l'agost, no calia dir-ho, tothom feia vacances, tothom menys la mort, naturalment!, gran aliada dels estralls estiuencs, i de l'alcohol. ¿Com s'entenia, doncs, que la meva germana no hagués previst una eventualitat com aquesta? Ella sempre deia que tot i no viure ja amb el papà es feia càrrec de vigilar-lo i que no li faltés de res. Aleshores, ¿per què l'havia deixat sol durant tants dies, a l'agost, amb un arsenal de beguda al seu abast i sense dona de fer feines? Ella assegurava que la setmana anterior li havia trucat per telèfon un parell de vegades i que, en sentir el so interminent, va deduir que estava parlant amb algú (de les ampolles de whisky amuntegades i de la dona de fer feines, no va saber què dir-ne). Però jo creia que dues vegades eren massa poques i que, si comunicava, hauria d'haver-hi insistit, o anar-hi personalment. Que jo no ho fes era normal, estant a Mèxic, però que ella no ho fes era una deixadesa imperdonable.

L'actitud desidiosa de la meva germana m'encenia per moments. A més a més, allò de desfer-se dels llibres del papà sense dir-m'ho havia estat un cop baix. Com a mínim podia haver anat a una llibreria de vell i no a un drapaire. Ara m'adonava de tots els llibres perduts per sempre, de les poesies còmiques que potser no eren tan horribles com havia cregut, i de les aventures exòtiques i picants que ja no podria reviure, almenys passant per damunt de les mateixes tapes dures i pàgines polsegoses. Ara m'adonava, també, perquè ho havia llegit no feia gaire en algun suplement literari, que les menyspreades novel·letes de l'autor d'*El Coyote* i d'E. Phillip Oppenheim interessaven a col·leccionistes i estudiosos. N'hi havia per escanyar-la, la meva germana.

Vaig sortir del pis del meu pare remugant i amb el cap com un timbal. Començava a vesprejar, feia calda i el soroll dels vehicles que anaven cap al túnel de la Rovira era més estrident i emprenyador que mai. En una mà duia la safata de metall i les bosses amb els elefants, les gaseles i totes les estatuetes que la meva germana s'havia dignat a deixar-me, i a l'altra mà el parell de quadres, les carpetes i les pel·lícules. Em va passar pel cap la idea de llençar l'àlbum de dones mig despullades al contenidor de sota casa, i així amollar llast, però afortunadament no ho vaig fer (no em podia permetre el luxe de perdre més records del meu pare, encara que fossin tan «privats»). Per acabar-ho d'adobar, el metro va tardar més del compte i el transbordament al passeig de Gràcia, de la línia groga a la verda, se'm va fer més llarg que mai.

Només sentir grinyolar el pany, la cangur va sortir a rebre'm amb cara d'empipada. Passava un quart de l'hora; tampoc no n'hi havia per a tant, però la noia era així d'antipàtica. I encara havies de donar-li les gràcies. A més a més, ni em va ajudar amb les bosses. Tot just quan em recuperava de l'ensurt per la possibilitat que la Glòria se m'hagués avançat, la cangur va grunyir:

—La Glòria ha trucat per telèfon per avisar que no vindrà a sopar.

Vaig preguntar-li si en sabia la raó i em va respondre que li havia dit un no sé què d'una feina molt urgent que jo ja sabia. Era la segona alegria per l'absència de la meva dona en menys de quinze segons. Em vaig disculpar amb la cangur per la tardança, ara sí, la culpa de la qual la tenien totes aquelles coses que havia anat a recollir a casa del meu pare, i vaig preguntar-li si la Irene ja dormia. La resposta va ser una mirada més despectiva que l'anterior, un moviment de cap en sentit afirmatiu i un cop de porta final que una mica més i la desperta. Era una estúpida, aquella noieta autòctona, vaig pensar. Preferia la cangur d'abans, la peruana. Com a mínim no s'enfadava ni feia cares estranyes. Em tenia més respecte, i em tractava de *Señor Luis*. La pròxima vegada no valia la pena ni demanar-li disculpes. Per sort, la meva filla dormia com un tronc, aliena als sorolls de la cangur i a qualsevol problema del món exterior. Les coses començaven a millorar, vaig pensar. A més a més, que la Glòria es quedés a treballar fins tard, segurament per acabar la campanya publicitària que havia de presentar l'endemà, em venia com anell al dit. No tenia cap ganes de posar-la en antecedents sobre l'existència de les cartes i les pel·lícules que havia trobat a casa del meu pare, si més no abans d'arribar fins al final.

Després de desar a l'estudi tot el que portava a sobre, vaig engegar els ventiladors del sostre, vaig posar la música molt baixa (jazz del bo: Chet Baker, Bill Evans) i em vaig fer un entrepà per sopar ràpidament i prosseguir la lectura de les cartes. Si la Irene no es despertava o la Glòria no tornava a casa abans del compte, no tenia previst aixecar-me del sofà fins que no hagués acabat de llegir-les totes.

Llavors, va sonar el timbre del telèfon. Vaig fer un renec que em van sentir des del carrer dels Àngels. Era el meu cosí Tinet. Que si estava bé i no em faltava de res.

—Estic bé, no passis pena. Una mica trist, això sí —vaig respondre.

Que si em trucava també per preguntar-me, de part de la tia Mercedes i seva, quan volia que féssim la missa pel meu pare.

—¿Quina missa? —vaig preguntar astorat.

La missa de funeral, va afirmar amb un to d'autosuficiència.

—¿Que no l'hem feta, ja? —vaig replicar sense saber-me'n avenir.

Que no, que faltava la missa, que només havíem fet l'enterrament.

De vegades em treia de polleguera, el meu cosí.

—D'acord. Quan vulgueu —vaig consentir per matar-ho aquí.

Que si la missa es feia, aleshores havíem de posar una esquela mortuòria a *La Vanguardia*.

—¿Una altra esquela? —vaig tornar a preguntar astorat.

Que era el costum, per no haver d'invitar personalment.

En sabia, el meu cosí, Déu n'hi do, si en sabia.

—D'acord —vaig reblar—, però digues-li a la Cristina que la hi posi ella.

Que si acabava de trucar-li per telèfon i li havia dit que aquesta em tocava a mi, que ella ja havia pagat la de l'enterrament.

Els renecs van ser sords, però retronaven d'una banda a l'altra del cable telefònic. El meu cosí va restar en silenci, fins que vaig preguntar-li on havia d'anar a pagar l'esquela. Va respondre'm que això depenia de quan volgués fer la missa. Li vaig dir que el dijous de la setmana vinent, si a ell li anava bé. Va dubtar uns segons, i aleshores va demanar-me que li donés un parell de dies per confirmar-ho, més que res per assegurar-se que no hi faltés ningú, i que ja em concretaria quan i on havia d'anar a pagar l'esquela. Em vaig acomiadar d'ell amb afecte, més del que era habitual en mi, i fins i tot vaig pregar-li que saludés la tia Mercedes de part meva. Certament, em sentia agraït pel suport de tots dos durant les exèquies celebrades, i per aquesta raó hauria fet l'esforç de passar-me una estona més parlant per telèfon, però ara no desitjava una altra cosa que tallar la conversa i continuar en el punt on el meu pare i jo ens havíem interromput.

IV

ELS ANYS DE LES CULPES

San Carlos (Fernando Poo), gener del 1969.

Benvolgut fill,

Ara no bufen bons vents per Guinea. Crec que aquest serà el darrer viatge que hi faig, això si puc sortir de l'illa. Oblida-te'n, si més no, de la meva promesa de portar-t'hi, almenys fins que les coses no millorin. T'escric en uns moments difícils en els quals no sabem què és el que pot passar. San Carlos és una ciutat tranquil·la, però l'altre dia vaig pujar a Santa Isabel i l'ambient que s'hi respirava era molt preocupant. La independència, a la fi, ha arribat; i amb la independència han vingut les apallissades i els saquejos. En Rimbau tenia raó: això ja no és cap paradís colonial.

M'he assabentat d'una notícia molt trista. Tota la família Argensó, menys l'Ignasi, han mort en un accident de cotxe. Ha passat a la carretera de Barcelona a Vic. No et pots imaginar com ens hem quedat. En Rafel Izquierdo està desfet, més encara que pel problema de l'Adela, la seva dona, que ja fa uns mesos es va separar d'ell per anar-se'n a viure amb un negre, un fang d'aquests il·lustrats que ara manen. El seu nom és Demetrio Onyongo. En Rimbau em va dir que és el negrot encorbatat que va veure a prop del seu dormitori, el vespre de la festa a l'Hacienda Natividad, i que és un paio molt perillós. No he pogut parlar gaire amb ell, ja que una mica més i els nostres avions s'encreuen a l'aire. Ara és a Reus, amb la Roser. L'únic que sé és que continua veient-se d'amagat amb la seva negra i que no té intenció de deixar-la. Em va fer jurar que no li havia dit res a ningú. Per descomptat que vaig respondre-li que no, ja saps com sóc, jo, per als secrets. Segons en Ramon Sangenís, tant ell com la Roser tenen intenció de tornar al país la setmana vinent. Són uns insensats. ¿Com gosa tornar ara, quan tothom fa els preparatius per deixar Guinea definitivament? El mateix Sangenís està a punt de tancar el seu negoci d'importació d'automòbils, per falta de clients, i ja ha posat el cartell de SE TRASPASA al taller de reparacions.

La tieta Remei i el tiet Ramon també han comprat els bitllets per tornar a Barcelona. La tieta diu que ara hi ha massa tensió per viure a Santa Isabel, que fins i tot la Pepita Blasco i el seu marit també s'ho repensen, i el tiet ha hagut d'acceptar-ho a contracor. Només s'hi queda el Joan-Carles. De moment no vol ni sentir parlar que tot això se n'anirà en orris. Està convençut que Espanya no ens abandonarà. Però jo li he dit que si ja ho ha fet una vegada és capaç de fer-ho dues, i que ara la cosa està més fumuda. Sé de bona font que personalitats importants del govern de Madrid (per no dir de la mateixa vicepresidència), amb propietats de boscos de fusta d'ocumé al continent, les han bescanviades al Gabon. Mal símptoma. Quan vegis la barba de ton veí pelar, posa la teva a remullar.

Per acabar-ho d'adobar, el president Macías ha començat a acarnissar-se amb els seus enemics polítics i ètnics, i ja es veu que de l'autonomia promesa als bubis, res de res. Tothom s'adona del que acabarà passant, amb en Macías i el seu clan de Mongomo al poder. La constitució firmada per l'ONU està a punt de convertir-se en paper mullat. Diuen que un notari de Madrid, un cert García Trevijano, que ja va fer un primer esborrany de constitució en favor de Macías, està redactant-ne una de nova que li atorgarà poders vitalicis. A canvi, és clar, rebrà importants concessions comercials en exclusiva. En fi, ¿què pot esperar-se d'un president que va ser conserge del Servei Forestal de Bata? On no n'hi ha no en raja, fill meu, i ja no dic res més, que encara em tallaran el cap.

El senyor Giralt m'ha demanat també si podia fer una permuta de finques, però per a això, li he dit, s'ha d'estar dins els estaments del Règim i no tenir escrúpols. Ara ningú no vol comprar, i la producció de cacau comença a baixar d'una manera alarmant. Hi ha colons que ja no se n'ocupen, i d'altres que han tocat el dos deixant el mínim de personal. Però el cacau requereix les màximes atencions, si no, la qualitat se'n ressent de seguida. Cada fase del *beneficiat* és necessària i imprescindible, i s'ha de fer en el temps i les condicions requerits. En fi, nosaltres anem fent, però ara no sabem ben bé a qui hem de vendre. Els del Comitè Sindical estan desorientats, i a la Cambra Agrícola no volen saber res dels torns. Que campi qui pugui. En Rafel Izquierdo tampoc no sap què fer. Entre això, el problema de la seva dona i la mort per accident de quasi tota la família Argensó, l'home té la moral per terra. L'únic que no ha perdut, quan s'hi posa, és la seva capacitat per analitzar la situació, dia rere dia. No conec ningú que estigui més ben informat que ell. Llàstima que la seva erudició no li hagi servit per estar al corrent de les infidelitats de l'Adela.

Una abraçada i fins aviat. El teu pare.

Aquella carta era com un testimoni del preludi de l'ensorrament definitiu del règim postcolonial. M'hauria agradat que el meu pare m'expliqués sense dilació per què en Rimbau volia tornar a Guinea amb la Roser, ara que les coses s'havien complicat en gran manera i ell continuava enganyant-la, però, una vegada més, vaig imposar-me la disciplina de no alterar l'ordre de la lectura. I com si hagués de pagar prèviament la penyora del record confús i deformat d'aquells fets abans de passar a la carta següent, els meus pensaments van mobilitzar-se de seguida. La mort dels Argensó no em va afectar gaire, vaig pensar, tot i el rebombori que es va organitzar a casa. La notícia va sortir als diaris, i per això semblava que la desgràcia fos més real. La mamà va estar-se uns quants dies plorant desconsoladament. De vegades feia l'efecte que qui s'hagués mort fos el papà i no un amic d'èpoques passades.

La veritat és que ja ni me'n recordava, del Teno i el Quitín, els fills dels Argensó morts en aquest accident. D'ençà que vivíem a Reus ja no estiuejàvem a Tona, i els nens, ja se sabia, teníem una gran capacitat per oblidar ràpidament els amics de les etapes anteriors, sobretot si eren només d'estiueig (era més endavant que el passat revifava amb força, quan ja no hi havia res a fer). La mort que em va afectar de debò va ser la del meu cosí Joan-Carles, molt més que la del tiet Ramon, que ja tothom se l'esperava.

L'arribada del Joan-Carles de Guinea, un o dos mesos més tard que la dels tiets, havia donat alegria al seu pis de la ronda del Guinardó, dues plantes per damunt del nostre. Nosaltres ara hi anàvem més sovint, ja que la tia Mercedes i el Tinet s'havien establert a Madrid i, molt a pesar de la mamà, el meu pare no estava disposat a fer-se un fart de quilòmetres cada cap de setmana per saludar-los i tornar a pujar al cotxe (que vinguessin ells en avió, deia, que per això eren rics). Tanmateix, aquella alegria que tots experimentàvem no va durar gaire. El meu cosí va contraure matrimoni de seguida amb una dona grassa i mamelluda, que al principi semblava molt agradable i després va resultar ser el mateix diable en persona. Sense més resistència que la protesta callada de la tieta Remei, aquella dona l'anava apartant de la nostra família, no li deixava llegir els seus llibres de física i astronomia, l'encebava com un capó, li feia fer hores extraordinàries, fins i tot els dies de festa; i així un matí, mentre l'home venia de fer una gestió duanera, suós i estressat com sempre, a causa de l'excés de greix i la pressió sanguínia, el cor se li va trencar al mig del passeig de Colom. La pobra tieta va passar en un no res de la joia per una néta que acabava de néixer al dolor per la desaparició del seu fill. I quan el tiet va morir, va passar de la tristor pel buit irreemplaçable de tots dos, amagada per uns ulls enfonsats i plorosos que feia l'efecte que reien, a una energia renovada que per força devia venir d'algun esperit africà protector.

Amb tots aquells infortunis, la tieta Remei ja no va tenir esma de continuar vivint al pis de la ronda del Guinardó. Va veure com el Josep-Antoni i la Neus, la seva dona, s'instal·laven en una caseta amb jardí cap a l'interior de Pineda, al Maresme, i va decidir anar-se'n a prop d'ells (i del seu fill gran, el Jaume, que ja feia uns anys que vivia a Arenys). No li va costar gaire vendre el pis de la ronda del Guinardó i, per menys diners, comprar un pis espaiós, de parets blanques i assolellades, a primera línia de mar (amb l'únic inconvenient de la via del tren al davant). Al meu cosí petit la feina de venedor de pisos li proporcionava uns bons ingressos, però també moltes insatisfaccions personals. Ja feia temps que rumiava fugir de Barcelona i traslladar-se a un poble o a una ciutat més petits. Després de tornar de Guinea i d'acabar el batxillerat elemental, s'havia matriculat a l'Escola Massana amb la idea d'aprendre l'ofici d'artista plàstic i guanyar-se la vida al camp fent objectes d'artesania i jocs en miniatura. Però, per raons econòmiques, havia hagut de fer marxa enrere. La seva teoria era esperar el bon moment d'aquest sector, quan la demanda d'obsequis i regals per part de les empreses anés en augment (una conjuntura que ell creia que ja començava a produir-se), i, arribats en aquest punt, deixar la feina de venedor de pisos, invertir els seus estalvis en una casa enjardinada amb espai per a un taller i posar fil a l'agulla.

La mort del Joan-Carles ens va agafar a tots per sorpresa, no com la del tiet Ramon, que ja la duia reflectida en aquell rostre seu fosc i ossut, perquè ens hi anéssim acostumant de mica en mica. La tieta era més forta, vaig pensar, Déu n'hi do si n'era. Va aguantar la sotragada del fill i l'agonia del marit com va poder, sense deixar mai aquell somriure pregon, i va fugir cap al mar. Allí es va retrobar amb la seva gran passió: la pintura. Pintava cases de pedra i teulades de pissarra, paisatges pirinencs amb rierols i cascades, boscos de pins i avets, qualsevol vista muntanyenca menys el mar, que el tenia ben a frec. El mar, amb aquelles palmeres majestuoses i inclinades, el blanc de l'escuma lliscant per l'arena i les postes de sol de colors ataronjats, ja no el va pintar mai més. Ella sempre deia que la Pepita Blasco pintava el mar com ningú i que no s'atrevia a imitar-la.

El Joan-Carles havia estat dels últims a abandonar Fernando Poo. Fins i tot la Guàrdia Civil va haver d'anar a buscar-lo a les cèntriques oficines de l'agència de duanes d'en Rafel Izquierdo, al carrer Sacramento, al costat dels magatzems Pradesa. El mateix Rafel Izquierdo havia estat el culpable que la Guàrdia Civil s'arrisqués a fer el rescat, per la seva insistència que no podien deixar un ciutadà espanyol a càrrec de les *juventudes* de Macías que terroritzaven Santa Isabel. Van conduir-lo amb escorta fins al port i els molls, on s'amuntegaven la immensa majoria dels refugiats espanyols. Quan el va veure arribar, enmig dels civils, en Rafel Izquierdo va saltar d'alegria. Només aleshores, i no abans, ell i l'Adela (amb qui s'acabava de reconciliar feia uns dies) van pujar al vaixell, que ja estava a punt de salpar. El Joan-Carles explicava aquests fets com una gran proesa, però quan li preguntàvem per què volia quedar-se a Guinea, en aquelles terribles circumstàncies, deia que no podia concretar-ho, i que si la Guàrdia Civil no hagués anat a buscar-lo, s'hauria escapat cap a les muntanyes de Moca, o cap a algun altre indret de l'illa de difícil accés. Qui sap si havia tingut el pressentiment que la mort l'esperava a Barcelona, més aviat del que qualsevol de nosaltres podia imaginar, i que aquesta era la causa per la qual es resistia a marxar de l'Àfrica.

M'agradava escoltar-lo, el Joan-Carles. Parlava sempre amb entusiasme i els ulls li brillaven. No tenia estudis universitaris, però llegia moltíssim, sobretot llibres d'astronomia i revistes especialitzades de física que li enviaven dels Estats Units. La tieta deia que en sabia molt més que el professor Luis Miravitlles, un senyor prim, de cara allargada i aspecte de malalt del fetge que presentava un programa de curiositats científiques a la televisió en blanc i negre de l'època. El meu cosí era capaç de parlar de l'origen dels astres i dels planetes, de l'expansió de l'univers i l'atracció gravitatòria, de la conjectura de Poincaré i la teoria de la relativitat d'Einstein, de l'efecte Doppler i el moviment de les galàxies, de l'aparició sobtada de les supernoves (estrelles que explotaven de manera catastròfica) i la formació de les gegants vermelles, del final de la vida a la Terra. Ell assegurava (parlant baixet, per por de no disgustar la tieta i la mamà) que quan el Sol consumís tot l'hidrogen del seu nucli, d'aquí a uns cinc mil milions d'anys, es convertiria en una gegant vermella capaç d'atraure i fer miques tots els planetes del nostre sistema solar. La seva mort absurda, vaig pensar, si és que n'hi ha alguna que no ho sigui, mentre caminava pel passeig de Colom, de tornada d'unes gestions duaneres al port de Barcelona, em va fer qüestionar seriosament la meva fe cristiana. Tanmateix, la influència dels salesians i el temor de morir en pecat mortal encara pesaven en mi com una llosa.

Barcelona, juny del 1971.
Benvolgut Lluís,
La vida no para d'oferir-nos sorpreses. Cap de nosaltres no ho hauria cregut, però el cas és que hem tornat a Barcelona, al nostre pis de la ronda del Guinardó. En Giralt, que en pau descansi, era un bon home, però la seva dona és una bruixa. Després de tot el que jo vaig fer per ells, s'ha portat molt malament i no ha volgut respectar cap compromís del seu marit. Jo sóc un home de paraula, fill meu, tu ho saps, i amb el senyor Giralt no em calien contractes. Quan algú dóna la seva paraula, això és sagrat per a mi. Però aquesta bruixa ens ha deixat a l'estacada. Sort que de seguida, i gràcies a alguns amics de professió, he trobat feina com a secretari del Col·legi de Pèrits Agrícoles de Catalunya (a tu no t'entusiasma gens, ja ho sé). No és una feina gaire ben remunerada, però a la meva edat ja no es pot triar.

El que importa és que una altra vegada som a Barcelona, tot just quan has acabat el curs preuniversitari i a l'octubre començaràs la carrera d'econòmiques. Quina coincidència, ¿oi? Així estarem més a prop de la tieta Remei, en aquests moments tan difícils i dolorosos per a ella (i per a tots nosaltres), i tu no viuràs sol amb l'oncle Alfonso, que és un mandrós i un desendreçat. Recorda com tenia el pis cada cop que veníem de Reus. A la mamà li agafava un atac. Jo no li'n deia res, perquè és el seu germà, però pensava que aquest home l'haurien d'ingressar en alguna residència on hi hagués una mica d'ordre i es poguessin ocupar d'ell, dels seus diaris amuntegats pertot arreu i de les seves manies amb el menjar. Més val que no m'hi capfiqui, que encara em carregaran les culpes. Estic molt content que hagis triat els estudis d'economia. Segur que aquesta carrera et serveixi de molt el dia de demà, i res em fa més feliç que et puguis guanyar la vida molt millor que jo, que per culpa de la Guerra Civil no vaig poder acabar agrònoms i em vaig haver de conformar amb un peritatge.

Estic molt content també que Barcelona ens hagi tornat a unir, a la vostra mare i a mi. Reus no va agradar-li mai (i a mi tampoc, pel clima tan sec), i menys aquell pis del barri de Niloga, tot i que hem decidit mantenir-lo perquè tu ens ho has demanat. En fi, malgrat que ara no guanyo tants diners i la meva feina és burocràtica, haver tornat al pis de la ronda del Guinardó m'ha rejovenit. No creguis que no penso en Guinea, no hi ha dia que no imagini una escapada, però ara està molt malament, t'hi jugues la vida, això si et deixen entrar al país. Gairebé cap blanc s'hi ha quedat, després del que va passar. Jo només en conec un parell, i, casualment, tots dos són de Reus. Un és en Modest Gené, un escultor prou estrany que es dedicava a fer retaules de verges i sants negres (diuen que és amic personal d'en Macías i que fins i tot li ha fet un bust), i l'altre, en Rimbau (que, diguem-ho també sense embuts, no en parlava gaire bé, del seu paisà). La pobra Roser està desesperada. Des de la fi de març del 1969, quan va tornar cap a la Península sola i malalta, tot just dos mesos després d'aquell viatge sobtat que tothom creia que era una insensatesa (a la meva carta anterior ja te'n parlava), no n'ha sabut res, d'ell. A més, ara és impossible comunicar amb Guinea. I si per una casualitat de la vida aconsegueixes conferència, ¿amb qui parles? No hi ha ambaixada, ni consolat ni res que se li assembli. Espanya és l'enemic número u, la metròpoli que els ha explotat durant dècades, i tothom al país ha de recitar cada dia les «condemnes» al règim espanyol, que és com una mena de catecisme anticolonial. Vergonyós, ¿oi? Potser és per tapar aquestes vergonyes que els diaris no en parlen, del que està passant a Guinea Equatorial. Fins i tot diuen que a partir de l'any vinent s'aplicarà la llei de Secrets Oficials i qualsevol informació sobre el país serà *matèria reservada*.

Respecte a la situació personal d'en Rimbau, en Rafel Izquierdo m'ha explicat el que creu que va succeir, arran de testimonis diversos. Les *juventudes* de Macías, uns escamots de joves fanàtics que assassinaven a tort i dret, el perseguien per un assumpte que venia de lluny, relacionat amb aquelles conspiracions anticolonials que ell havia descobert (i sobre les quals jo no vaig fer-li cas). En un tancar i obrir d'ulls, es va veure obligat a fugir cap al sud, a Moca (curiosament, com el Joan-Carles pensava fer). Abans, però, va parar a San Carlos i va recollir la seva negra (m'imagino l'escena, si fa no fa com la vaig filmar, però amb més nervis). Podia haver anat al port de Santa Isabel, com tothom, i refugiar-s'hi, però va decidir fer una altra cosa. Potser no se'n refiava, de la seguretat del port, o potser tenia una missió a complir, a més a més de l'amor per aquella negra. ¿Te n'adones, fill meu? Ara resulta que ell tenia raó i que havia descobert alguna cosa que no convenia. Ara resulta que totes aquelles intrigues i tripijocs polítics, que en Rafel Izquierdo em va dir que implicaven els bandarres de l'Uribe i de l'Álvaro Souto, no eren una invenció seva. No, no crec que fugís només per amor a una negra, no és lògic. Del que encara no em puc fer a la idea és que en aquests dos anys transcorreguts no s'hagi posat en contacte amb la seva dona i els seus pares (¿se sent avergonyit, potser, o és que està tan amagat que no té ni paper per escriure una carta?). Em pregunto fins a quin punt deu estar assabentada, la Roser, de tota la història. Haig d'anar a veure-la una altra vegada, fill meu, i aquest cop vull que m'hi acompanyis. Ja que no t'he pogut portar mai a Guinea, i menys ara, que no s'hi pot anar, com a mínim ajudarem una persona que no mereix que li passi el que li està passant. Estic convençut que ens agrairà que li portem una mica d'esperança, encara que sigui mentida.

Una abraçada. El teu pare.

Vaig acompanyar el meu pare a visitar la dona d'en Rimbau, perquè ell m'ho va demanar, però sentint campanes i no sabent d'on. El papà era poc enraonador, ens havia dit algunes coses sobre en Rimbau, però tan sols una mínima part del que ara explicava a les seves cartes. La visita va ser molt trista. En acabat, el meu pare em va donar les gràcies per no haver-lo deixat sol. La Roser vivia amb els pares d'en Rimbau, en un pis de l'avinguda dels Màrtirs (actualment de la Llibertat), davant de la parada del troleibús blau amb perxes electritzades que feia la línia Reus-Tarragona. Ens va confessar, sanglotant i amb llàgrimes als ulls, que es passava el dia mirant per la finestra un a un els cotxes que, ara i adés, en arribar a l'altura de la placeta d'El Condesito, giraven a la dreta, per darrere del bust del pintor Marià Fortuny, o a l'esquerra, per la banda del cinema Kursaal. En la seva bogeria, esperava que de dins un cotxe d'aquells, abans de perdre'l de vista, el seu marit traiés mig cos per la finestreta per saludar-la amb el braç estès. Com el dia que es van acomiadar sense saber que era l'última vegada, ens explicava, ella damunt el vaixell que anava allunyant-se a poc a poc de la badia de Santa Isabel, ell dret a la dàrsena del port.

El meu pare no va gosar revelar-li fil per randa tot el que sabia. Va tractar de tranquil·litzar-la dient que tenia notícies que el seu marit es trobava bé, que per diversos motius havia hagut d'amagar-se i que, tan bon punt les coses milloressin, es posaria en contacte amb ella, a qui estimava més que res i ningú.

La Roser se'l va quedar mirant uns segons, com si busqués dins els seus ulls un convenciment que les paraules no aconseguien, i amb un fil de veu va contradir-lo:

—Sé que s'hi ha quedat per aquella negra, Lluís, sé que s'ha convertit en un d'ells i que no té el valor de dir-m'ho. No cal que intentis disfressar-ho. No sóc tan estúpida com creieu. A mi ja m'ha fet tot el mal que em podria fer, però, ¿quina necessitat té de ser tan cruel amb els seus pares?

En aquell moment vaig odiar en Rimbau, amb totes les meves forces. Aquell home era un canalla i un malnascut, vaig pensar. ¿Com es podia fer una cosa així? Fins i tot em va venir el desig que li agafessin unes febres palúdiques i es morís tremolant de fred. La història d'amor amb una negra, que el meu pare es va veure obligat a explicar-me una mica per damunt, era una història desafortunada que causava més desgràcies que beneficis. Això és el que creia en acomiadar-me de la dona d'en Rimbau.

Però com si tot aquell seguit de pensaments condemnatoris m'hagués redimit de continuar fent judicis moralistes, vaig adonar-me que tan sols l'amor (l'amor que jo en aquella època desconeixia) era capaç de provocar les actuacions més erràtiques i irracionals, i, per tant, les més intenses i emocionants. ¿Qui era jo, per jutjar ningú? El que em calia era enamorar-me al més aviat possible per poder sentir un arravatament com aquell. Em vaig alegrar per les meves conclusions. La història d'en Tomàs Rimbau capgirava el meu esquema de valors, de la mateixa manera que les paraules del meu pare, quan tornàvem cap a casa, prenien un caire diferent de com les hauria interpretat uns minuts abans de fer aquesta reflexió:

—Fill meu, de vida només n'hi ha una, i cadascú tria com ha de viure-la. No tenim dret a condemnar les persones adultes, sobretot si nosaltres no estem lliures de culpa, encara que només sigui de pensament.

Llavors vaig considerar seriosament que aquell home era en algun lloc d'aquella petita illa africana, si no l'havien mort, i que a mi em faltava poc per entrar al món dels adults i convertir-me en culpable dels meus propis errors.

D'altra banda, era cert que tornàvem a viure a Barcelona, després d'aquell parèntesi de sis anys a Reus (tota l'adolescència, en el meu cas), però maleïda la gràcia que això em feia, vaig pensar, precisament quan acaronava la possibilitat de fer tota la carrera com un estudiant de comarques, sense més obstacles familiars que la presència autista de l'oncle Alfonso, sempre tancat a la seva habitació del rebedor. Una llàstima, per bé que la mamà s'esmerçava per cuinar millor (la cuina mai no havia estat el seu fort) i fer-me la vida més còmoda i agradable.

Del que m'alegrava, en tornar a Barcelona, era d'haver fet creu i ratlla a la pitjor etapa de la meva vida: l'adolescència. Els darrers dos anys d'estudis a Reus havien estat els pitjors de tots, per culpa del meu aspecte de criatura angelical. Em sentia prou infeliç, principalment pel que feia a les relacions amb les xicotes del meu curs, la majoria de les quals tenien els pits prou desenvolupats i semblaven unes dones dretes i fetes, gairebé com la meva mare. També em costava d'acceptar que tots els xiquets de la meva edat fossin més alts i forts que jo, i que alguns ja tinguessin pèls a les cames i s'afaitessin cada dia. I aquí és on els capellans encara ho empitjoraven més. En lloc d'educar-nos perquè poguéssim suplir les nostres mancances d'adolescents, ens embriagaven de la vida i miracles de Santo Domingo Savio (*antes morir que pecar*, deia el sant com a lema; abans morir que masturbar-se, ens feien entendre que deia). En lloc d'anar amb molt de compte perquè no tinguéssim problemes psíquics en el futur (en aquella època no hi havia psicòlegs escolars ni res que s'hi assemblés), se'ns tiraven al damunt o ens toquejaven sense dissimular en el confessionari, entre bafarades d'alè pudent. I si no volíem passar per l'adreçador, la campana del pare Grau ens foradava el crani. Déu meu!, en mans de quins éssers erronis ens deixaven, els nostres pares. Si haguessin sabut tot el mal que ens feien, si ho haguessin imaginat només per uns instants, vaig pensar, haurien vingut corrents a rescatar-nos-en. Era un miracle viure sense turmentar-se per no estar en Gràcia de Déu. Era un miracle que els problemes de l'adolescència no s'agreugessin amb aquell tipus d'educació tan deformada. Era un miracle que no ens deixessin seqüeles irreversibles amb vista al futur. Per aquest motiu no em va semblar estrany que, uns anys després, acabada fins i tot l'època universitària, alguns dels meus companys més inadaptats i necessitats d'ajuda (no d'ajuda religiosa, precisament), com el Bru Serra o el Solé Ferrater, acabessin suïcidant-se.

Barcelona, setembre del 1973.
Benvolgut Lluís,
Han passat dos anys des que vam tornar a Barcelona i tot ens va molt millor, a pesar dels maleïts diners. La vostra mare també està més contenta, ja saps que la idea d'instal·lar-te tot sol al pis no li agradava gens ni mica. No sé com dir-t'ho, potser perquè ens fem grans i pensem més en la jubilació que a situar-nos a la vida, però la realitat és que tant la mamà com jo gaudim de més bon humor, i estem feliços que els estudis et vagin bé. L'únic que em preocupa és la teva actitud amb nosaltres quan es toquen determinades qüestions. Sembla com si ens menyspreessis una mica per no pensar igual que tu. No oblidis que nosaltres, de joves, vam haver de patir una guerra, i que no en desitgem per res del món una altra. Bé està que lluiteu per una societat més justa, lliure i democràtica (tu en diries comunista), però aquest país no el canviareu ni els estudiants ni els obrers ni tots plegats, i menys mentre Franco vis-

qui. Aquest país no té remei, fill meu, i no sé qui el redimirà de la derrota i la humiliació dels vençuts a la Guerra Civil, com nosaltres. Hauran de passar molts anys, i estic segur que ni la mamà ni jo ho veurem.

Altrament, em sap greu dir-ho, però el camí al socialisme només condueix a la desfeta dels pobles. L'exemple més clar el tens a Xile, on els militars han dit que ja n'hi havia prou, de democràcia socialista, i han tret els tancs i els avions al carrer. L'altre exemple sempre el poses tu, encara que la teva intenció sigui una altra. Sovint et sento dir que la revolució socialista a l'URSS i a la resta de països del Teló d'Acer ha degenerat per culpa de l'estalinisme i la burocratització dels seus propis partits comunistes. I que la Xina de Mao ha caigut en el mateix parany. Digue'm, doncs, un país, un sol país que es pugui posar com a exemple o model a seguir. No n'hi ha cap. Vietnam del Nord acaba de guanyar la guerra als Estats Units, d'acord, però és un país devastat pels milers i milers de bombes caigudes sobre els seus camps d'arròs. Cuba, segons les teves pròpies paraules, és el mite de la revolució guerrillera a l'Amèrica Llatina, la imatge romàntica del Che Guevara i poca cosa més fora de l'òrbita de Moscou. I Albània, sisplau, no em facis riure. Si l'esperança de la humanitat és Albània, n'hi ha per llogar-hi cadires. ¿On és, Albània? ¿Què en sabem, d'Albània? ¿Què hi ha de bo, a Albània?

No són les teories les que fallen, fill meu, és l'home. Per desgràcia sempre hi ha un Stalin o un Mao que ho esguerren tot. Assassinen tots aquells que no pensen com ells i organitzen veritables massacres i genocidis. Ja no hi crec, en l'home que ens ha de salvar a tots, però no puc obligar-te a creure en la meva derrota. Si vols que et digui la veritat, envejo que tinguis unes idees per les quals lluitar (jo me'n vaig desenganyar al camp de concentració) i un objectiu a la vida, encara que per a mi sigui utòpic. El que et retrec és que no ens parlis amb més de respecte, sobretot a la mamà. Ella no té estudis ni entén les coses com tu i jo les podem entendre. Per això em va semblar molt fora de lloc que li diguessis, davant de la tia Mercedes, que la prostitució i el matrimoni eren el mateix perquè, en els dos casos, la dona venia el seu cos per diners. L'únic que vas aconseguir és que es posessin a plorar, la mamà, la tia Mercedes i, fins i tot, la Cristina, que no havia sentit res però s'hi va afegir com una magdalena. ¿Que no te n'adones, que una mare no és capaç d'entendre-ho, això? Els estudis universitaris també t'han de servir per saber amb qui estàs parlant, i per tenir la paciència d'explicar les coses sense fer mal a ningú.

Has de rectificar, fill meu, fes-ho per mi, o per la mamà, però has de canviar d'actitud. No pots tractar-la malament perquè no està a la teva altura. I no li facis cas, si es fica amb tu pel teu aspecte. A mi m'importa un rave, si dus els cabells llargs, vas mal vestit i portes una motxilla tronada penjant de l'espatlla. Em preocupen les teves maneres, que no són un bon exemple del que prediques, i que la policia t'enxampi per voler destacar massa. Creu-me en una cosa, fill meu, més val passar desapercebut. I això no significa la renúncia de cap ideal.

Canviant de qüestió, perquè em sembla que ja m'has entès, he d'explicar-te algunes novetats de Guinea. Ja saps que en Rafel Izquierdo i un grup d'antics guineans fan una tertúlia, una vegada al mes, per parlar d'altres temps i de com van les coses ara. Del que parlen ja t'ho pots imaginar, tot són xafarderies i rumors, i de vegades les diuen de l'alçada d'un campanar. Però de tant en tant, te'n pots refiar. Aquesta la va explicar el mateix Rafel. Hi ha un empresari del ram de la construcció, en Planas, de Sant Boi, que no fa gaire va aconseguir un contracte d'obres i subministraments amb el govern de Macías, que consistia a instal·lar sanitaris, lavabos i banys de luxe en una residència d'amistançades del mateix president i de ministres del seu gabinet. Doncs bé, l'home va anar a Malabo, amb els materials i tot l'equip, i, un cop allí, com que les «senyores» van quedar molt satisfetes, la resta de ministres i altres personalitats del clan governant el van portar d'una punta a l'altra de l'illa, de residència en residència, per fer-li més comandes.

En una d'aquestes visites, concretament a Luba, que és com es diu ara San Carlos, a la cruïlla de la carretera de Musola, va veure un home blanc dins una camioneta Chevrolet atrotinada, com les de l'època colonial. La conduïa un negre, que va girar de pressa i a la dreta, en direcció a Moca. L'home blanc devia tenir la meva edat, duia ulleres d'unes quantes diòptries i era prou calb del front. Inconfusible. La casualitat va voler que en Planas passés per allí en aquell moment i enregistrés les imatges. Ens ha promès enviar-nos una còpia de la cinta per correu certificat, perquè tant en Rafel Izquierdo com jo no ens acabem de creure que el deixessin anar pel país amb una filmadora a la mà. Però ell ens assegura que és verídic, gràcies a un permís especial i a certs suborns que va haver de pagar, i que si encara no ens n'ha pogut fer la còpia és per culpa de certs problemes amb el laboratori, relacionats amb les imatges d'una dona negra que hi surt despullada abans de ficar-se en una de les banyeres circulars que acabava d'instal·lar.

Bé, amb còpia o no, ara tenim la confirmació que en Rimbau és viu i que es mou per aquella zona. Luba no és gaire lluny de Moca. I a Moca, s'hi va per la carretera de l'antic Parador de Musola. La conec prou bé, aquella carretera, arriba fins a les antigues residències de descans, al cor de la terra sagrada dels bubis. ¿T'imagines, fill meu, que anem a rescatar-lo i el portem a Reus, amb la Roser? És una broma, és clar, però no puc treure'm en Rimbau dels pensaments. M'agradaria saber què hi fa, allí, si encara el persegueixen, com sobreviu. Ell és l'aventura, ¿m'entens, oi? Sense que aquesta afirmació vulgui dir que em sembli bé. En tot cas, ni bé ni malament. Jo seria incapaç de fer el que ell va fer, però ja et vaig dir una vegada que en aquests assumptes no som ningú per jutjar els altres.

Rep una forta abraçada del teu pare.

Em vaig congratular de saber que molt probablement aquell home que un cert Planas havia filmat era en Rimbau, d'una banda perquè això volia dir que si ell era viu la seva història d'amor també havia sobreviscut. Hauria estat tota una aventura anar a rescatar-lo, com deia el meu pare, però ja era massa tard, vaig pensar, tard per a ell i qui sap si per al mateix Rimbau, acostumat a viure entre negres i a sentir-se com un d'ells. Si més no, em preguntava incrèdulament, quants suborns havia hagut de pagar, en Planas, de Sant Boi, per passejar-se per Guinea Equatorial com a cal sogre, filmar una dona negra nua en una banyera i, a més a més, agafar al vol unes imatges d'en Rimbau o d'algú que era clavat a ell.

Tot plegat em feia venir ganes de pensar-hi, però ara no tenia més remei que deixar la història per més endavant. El meu pare m'havia tocat el punt feble, en recordar-me els plors de la mamà i la tia Mercedes a causa de la meva actitud desconsiderada, i un munt de pensaments de culpa m'assetjaven. Tanmateix, el menyspreu al qual ell es referia era conseqüència de la fermesa de les meves idees revolucionàries i la defensa que en feia, tal vegada excessiva. Amb el cor a la mà, vaig pensar, jo tan sols aspirava a viure en una societat sense classes socials ni explotació de l'home per l'home (uns conceptes que, per a mi, eren la màxima expressió de la llibertat i la democràcia). M'equivocava en la manera d'expressar-me, prou que m'ho deien, però el meu interès era purament altruista.

En aquella època, tampoc no seria just negar-ho, jo era molt dogmàtic i no admetia que em portessin la contra. Les meves idees eren la veritat absoluta. Llegia i rellegia *Los conceptos elementales del materialismo histórico*, de Marta Harnecker, com si fos la Bíblia. Creia en el materialisme històric com a conjunt de teories que donaven cos a la ciència marxista. Creia en el materialisme dialèctic com a filosofia que superava les contradiccions del sistema capitalista i dels sistemes de producció anteriors. Creia en la lluita de classes com a motor de la història. Creia, a l'inrevés dels anarquistes, en el paper dirigent d'un partit comunista marxista-leninista, un paper que el Partido Comunista de España (PCE) havia fet malbé amb la seva implicació en l'assassinat de l'Andreu Nin i de molts altres militants del Partit Obrer d'Unificació Marxista (POUM), arran dels Fets de Maig del 1937 a Barcelona (encara bo que George Orwell era allí per explicar-ho). Creia, en definitiva, en la insurrecció armada, la dictadura del proletariat i l'extensió de la revolució socialista a tots els països del món, començant pels més desenvolupats, o per aquells que reunien les mínimes condicions objectives. I no comprenia que la gent no hi cregués. Ara això podia sonar a pamfletari i fer riure, vaig pensar, però només perquè la fe actual era una altra. Si els que havíem cregut en el comunisme penséssim per uns instants en la nostra fe en aquella utopia (expressió que aleshores mai cap de nosaltres hauria utilitzat) ens adonaríem que no hi havia tanta diferència entre la veritat absoluta que professàvem i la fe en la salvació eterna. Al capdavall, era com si necessitéssim omplir el buit que

Déu ens havia deixat i respondre a preguntes sobre el present més immediat i no sobre el Més Enllà.

Però les preguntes que em feia sobre el present més immediat qüestionaven a poc a poc la meva puresa revolucionària, al mateix temps que m'obligaven a fer uns raonaments polítics menys ingenus, sobretot en relació amb l'anàlisi dels errors comesos pels líders del comunisme a l'URSS. Després de llegir *La Historia de la Revolución Rusa* i *La Revolución Permanente*, de Trotski, i altres textos de marxistes crítics, vaig arribar a la conclusió que Lenin (el gran estrateg del proletariat en un país endarrerit industrialment i amb estructures agràries semifeudals) no havia tingut gaire en compte els interessos objectius dels sectors intermedis i superiors de la *classe* funcionarial al servei del nou estat proletari (no del tot coincidents amb els dels obrers i camperols), ni tampoc la manipulació que en feien alguns dirigents del partit (o potser se n'havia adonat massa tard, quan ja era al llit, invàlid, i redactava el famós testament en contra de Stalin). Stalin, per la seva banda, havia entès perfectament quins eren els interessos i les ambicions d'aquesta casta burocràtica, perpetuadora del nou estat que construïa el socialisme en un sol país, i els havia utilitzat hàbilment per controlar els aparells del partit i de l'estat i, al mateix temps, eliminar la majoria d'intel·lectuals comunistes compromesos amb la causa bolxevic (entre ells Trotski, al seu exili de Mèxic, de la mà del català Ramon Mercader). Tot plegat, un daltabaix de conseqüències irreparables que havia malmès el triomf de la Revolució d'Octubre (¿qui cridava, ara, allò de *tot el poder per als soviets?*).

A pesar de les col·lectivitzacions i els plans quinquennals que havien convertit l'URSS en la segona potència econòmica i militar del planeta, la construcció del socialisme a Rússia i als països del Teló d'Acer distava molt de ser un model a seguir. Les purgues i deportacions ordenades per Stalin (i posteriorment també per Mao) eren impossibles de justificar, fins i tot pels mateixos partits i moviments comunistes afins, i la paranoia d'Enver Hoxha, a Albània, començava a sortir a la llum. Albània, un dels països més pobres d'Europa i l'únic que construïa el socialisme sense desviacions teòriques i pràctiques. *El marxismo-leninismo, ideología siempre joven y científica*, deia Radio Tirana al món de parla espanyola abans d'informar-nos dels grans avenços tecnològics i industrials. De bon començament n'estàvem convençuts, perquè necessitàvem creure-hi, mantenir aquella fe revolucionària en algun país que no hagués caigut en errors i desviacions. I quan vam adonar-nos-en, quina decepció, i quin engany. El meu pare tenia raó, allí no hi havia res de res, només milers i milers de búnquers escampats per tota la petita geografia albanesa, i la gent morint-se de fàstic i de tristor. Mal que ens pesés, el cert era que després del fracàs del leninisme, l'estalinisme, el maoisme i la resta d'*ismes* en descomposició, el vell somni revolucionari d'una societat sense classes socials, lliure i creativa s'havia convertit en un malson (o en una proclama situacionista).

Per acabar de deprimir-me (recordant a desgrat el primer dels exemples del meu pare), en aquell fatídic onze de setembre del 1973, data de desfetes nacionals i diades, un cop d'estat militar a Xile, encapçalat pel general Pinochet (amb el suport dels Estats Units), enderrocava el govern socialdemòcrata (i estalinista) de la Unidad Popular. El president Allende, que s'havia oposat a l'armament i la mobilització de la classe obrera, va suïcidar-se enmig de les bombes caigudes al Palacio de la Moneda.

Barcelona, novembre del 1975.
Franco ha mort, al·leluia! Semblava impossible, fill meu, però no hi ha mal que cent anys duri. Ja ho veus. Em fumaria un cigarret per a celebrar-ho, però el metge m'ho ha prohibit radicalment. Potser sí que ara les coses començaran a canviar. Fa un parell d'anys, a la carta anterior, et deia que aquest país no tenia remei, i menys si Franco encara vivia. Ara ja no sé què dir, o com a mínim no vull ser tan negatiu. Qui sap si hauré de desdir-me'n més endavant.

En poc de temps hi ha hagut dues morts significatives que poden capgirar-ho tot. Primer va ser aquell bandarra d'en Carrero Blanco, que ens va deixar tirats a Guinea després d'haver fet el negoci del segle (com em vaig alegrar quan va saltar pels aires). I fa uns dies el mateix Franco, que semblava que no es moriria mai. Això s'acaba, tot i que els darrers espeternecs del Règim encara poden fer molt de mal. Pensa en l'execució de Salvador Puig Antich i, recentment, les de Txiqui, Otaegui, Baena i els altres militants del Frente Revolucionario Antifascista y Patriota, conegut per FRAP (¿veus com jo també n'estic assabentat, encara que no ho creguis?). L'important és no perdre la calma, anar amb compte i esperar a veure què passa. Per això et recomano seny, que jo sé que en tens. També vull dir-te que estic molt content amb tu. La teva actitud, les teves maneres, ja no són les d'abans. Ens tens més respecte, t'expliques sense aquella arrogància del convers, i el teu aspecte també ha millorat molt. L'únic que no m'agrada és que encara et baralles amb la teva germana. Ja sé que no congenieu, però tu ets el gran, l'home de la casa. Fes un esforç, sisplau, per la mamà, que és qui més pateix. T'ho dic sense embuts, a tu i a ningú més: la Cristina és una ximpleta presumida que només pensa a divertir-se amb les amigues. No és ni la meitat d'intel·ligent que tu, em sembla que això ja ho saps. Si et fa emprenyar, vés-te'n i deixa-la en pau. Ja es farà gran.

El nostre problema actual és econòmic. Com a secretari del Col·legi de Pèrits Agrícoles de Catalunya no guanyo gaires duros (ni la meitat del que guanyava a Guinea), i ja no tinc ganes d'anar amunt i avall portant camps de fruiters a la gent. Només espero encertar una *quiniela*. I si no, passarem amb el que hi ha. A tu els estudis et van prou bé. Aprofita-ho. I la mili no és tan llarga com et penses. De seguida trobaràs feina, segur. La teva germana em preocupa més, perquè no sap què estudiar i no li veig aptituds que destaquin. Però és una dona, i una dona sempre pot fer un bon matrimoni.

La mamà, després de tots els nostres patiments, ha aconseguit organitzar-se millor sense haver d'esforçar-se tant. Potser és ara quan més content estic de veure-la fer de mare, sense el neguit d'haver de respondre de mala gana a les altres obligacions conjugals. No és que jo ja sigui vell, encara no m'he jubilat, però a la meva edat els abrandaments ja no són com abans. I ella és com és. No t'explico més detalls, perquè ja hi arribaràs, però el sexe, amb l'edat, es va convertint en un record vague que només les imatges gràfiques s'encarreguen de ressuscitar quan ningú no et mira. L'home ha d'aprendre a resoldre les seves necessitats sexuals en solitari, si no, ja ha begut oli. Qui no sap controlar els dimonis que té dins el cervell, perd el sender i es deixa arrossegar per la passió, com en Tomàs Rimbau. Després de la pel·lícula d'en Planas (a propòsit, ens va fer a mans la còpia i era ell, sens dubte), no hem tornat a saber-ne res més. Suposem que continua movent-se per aquella zona de Luba i Moca, sense donar senyals de vida. I això és bo.

Una abraçada d'esperança. El teu pare.

Bé, ara ja podia confirmar-ho, en Rimbau era viu, almenys en el moment en què en Planas l'havia vist dins una vella i atrotinada camioneta Chevrolet de l'època colonial. I, com el meu pare afirmava, el fet de no donar senyals de vida permetia suposar que continuava bellugant la cua. La història d'en Rimbau finia aquí, vaig pensar. Semblava difícil que hi hagués alguna possibilitat de seguir-ne el fil, com no fos que en Planas tornés a Guinea o el mateix Rimbau aparegués de sobte; dues sorpreses que no calia descartar. Per no avançar-me als esdeveniments, ni caure una altra vegada en la temptació de fer-ho, em vaig deixar arrossegar sense voler pels records «polítics» que el meu pare havia provocat, aquest cop sense el trauma de sentir-me culpable per haver fet plorar la mamà, la tia Mercedes i la Cristina de retruc.

L'endemà d'aquella fita històrica de la mort de Franco, sota els efectes embriagadors d'una llibertat per encetar, les coses es veien d'una manera molt diferent. I també al cap de dos anys, quan vam poder votar per primer cop en unes eleccions amb partits polítics (jo era a la mili i no em van donar permís). La rapidesa dels canvis em va fer creure en les *bondats* de la democràcia burgesa, el front d'esquerres i la via pacífica i gradual per a la construcció del socialisme (en contra de l'experiència històrica). El que ja no em semblava tan esperançador era el model de transició amnèsic pel qual ens endinsàvem, una mena de llei de *punto final* que feia taula rasa i no ajustava comptes amb la dictadura franquista. A més, la monarquia era una herència del règim anterior i per si mateixa representava la no-igualtat de totes les persones davant la llei. ¿Com podia, doncs, encapçalar el procés de retorn a la democràcia i garantir l'atorgament d'una constitució progressista? ¿No hauríem d'haver exigit, com a mínim, el restabliment de l'ordre constitucional anterior a la revolta d'un sector dels militars? Fins i tot Portugal ens havia passat la mà per la cara amb la Revolució dels Clavells, vaig pensar.

D'altra banda, que en Fraga Iribarne (l'antic Ministro de Información y Turismo del Règim), responsable de la mort de quatre persones perquè havia ordenat la violenta càrrega de la policia a Vitòria, el mes de març del 1976, al crit de *la calle es mía!*, presidís un partit polític «democràtic», era un fet injustificable. Com també ho era que la Brigada Político Social en ple (la temible BPS) es dediqués a vetllar per les llibertats que abans perseguien. No me'n sabia avenir, i sovint em preguntava de quina manera ens afectarien en el futur les concessions polítiques fetes per alguns Pares de la Constitució (que jo veia reflectides, sobretot, al títol preliminar i als títols II, VII, VIII i X del text constitucional, a banda dels que feien referència a l'organització de l'Estat i el Poder Judicial) i quines sorpreses més s'amagaven sota la fraseologia altisonant, rotunda i de vegades ambigua del redactat de molts articles. Quinze anys després d'aprovar-se la Carta Magna, i un menys de l'Estatut d'Autonomia de què gaudíem, podia respondre de moltes maneres a aquestes preguntes, o no respondre'n cap, que també era una manera de respondre, vaig pensar. Tanmateix, i tractant-se d'un text, se'm van acudir unes frases que, fins i tot, vaig estar a punt d'escriure. Deien més o menys així: «Al contrari del que la raó i el seny volen fer creure, la Constitució espanyola del 1978, tot i derogar definitivament *Los Principios Fundamentales del Movimiento* i altres lleis franquistes, ha servit (i encara serveix) per subordinar determinades llibertats i drets inalienables a una interpretació partidista i poc imaginativa d'unes paraules redactades sota els efectes d'una remor de sabres de fons».

Em vaig remoure al sofà, neguitosament, i, per no emprenyar-me encara més amb les frases que acabava de compondre (potser amb alguna vel·leïtat periodística pròpia de la secció de «cartes al director» d'un diari de comarques), vaig agafar la carpeta del *collage* fotogràfic. «L'home ha d'aprendre a resoldre les seves necessitats sexuals en solitari», havia escrit el meu pare, com si fos la cosa més normal del món, i jo mirava i mirava les fotografies de les dones mig despullades sense concentrar-me en cap. Els meus ulls passaven ràpidament de l'una a l'altra, com si volguessin abastar-les totes de cop, o com si esperessin trobar-ne una de més gratificant. Era una golafreria desenfrenada d'imatges en blanc i negre i en color, esgrogueïdes i descolorides pel pas del temps, amb alguna taca encartonada al damunt. Quan vaig adonar-me'n, els pantalons em tibaven i la carn em feia mal. Sentia una barreja estranya de sensacions, com de profanació i torbament al mateix temps (no ho sabia ben bé), però no podia parar. Em vaig aixecar del sofà amb les mans enganxoses i una necessitat imperiosa de sentir l'aigua entre els dits. Un cop net, era com si allò mai no hagués passat, o com si els judicis morals quedessin ajornats per a un altre moment (sempre em feia aquest propòsit, que mai no arribava a complir). En acabat, vaig guardar l'àlbum en un calaix de la taula d'escriptori, sota unes carpetes d'apunts de la facultat que no sé per quina raó encara conservava, i vaig activar la memòria més o menys allí on l'havia interrompuda abans d'embolicar-me amb frases mal escrites que més valia no recordar.

L'any aquell de la mort de Franco, jo estudiava quart d'econòmiques, volia aprofundir en les causes que contrarestaven la llei general de la taxa decreixent de guany, i, a més a més, resoldre el problema teòric de la transformació dels valors de les mercaderies en preus. Amb tanta tasca d'investigació *economicista*, molt per damunt de les meves possibilitats reals (no aconseguia passar del prefaci del llibre de Piero Sraffa: *La producción de mercancías por medio de mercancías*), ja no anava a totes les manifestacions en contra del règim franquista i a favor de la democràcia, l'amnistia i el que s'hi afegís. El meu fervor en un canvi dràstic de sistema no era com el dels primers cursos; ara amb prou feines hi creia, i no volia passar pel tràngol d'una segona detenció. Tanmateix, vaig pensar, qui d'estudiant universitari no s'havia jugat el coll davant els «grisos», de gran no estava legitimat per donar lliçons d'ètica política a ningú. És clar que hi havia excepcions i casos a l'inrevés, com el d'alguns integrants d'aquella colla de la «Universidad del Futuro», afins a Bandera Roja (BR) i al Partit Socialista Unificat de Catalunya (PSUC), que sovint organitzaven assemblees, plantejaven propostes alternatives a qualsevol qüestió i tractaven d'aprovar les assignatures amb un treballet de deu folis mal engiponat (i fins i tot treure nota o matrícula). Per a ells, el risc de fer política era l'ocasió d'adquirir un cert prestigi acadèmic entre els professors d'esquerres i una oportunitat per anar-se acostumant al paper de dirigents i líders. Potser sí que van córrer davant els «grisos», però el seu transfuguisme ideològic posterior els deslegitimava.

Em va venir a la memòria el record d'alguns d'aquells estudiants il·lustres amb qui vaig coincidir, com l'Anna Birulés, per exemple. Duia els cabells una mica arrissats, o estarrufats, faldilla lleugerament per damunt dels genolls, mitges negres i sabates de taló (tot al contrari d'una *progre*). Irrompia a les aules sempre rodejada d'un grupet de militants del PCE-PSUC i ens exhortava a aturar les classes i fer una vaga en solidaritat amb la lluita dels obrers del sector metal·lúrgic (o de qualsevol altre sector afectat). O en Fernández Teixidó, que no era de la mateixa colla sinó de la dels trotskistes que els feien la guitza. Pertanyia a la Lliga Comunista (LC) o a la Lliga Comunista Revolucionària (LCR), mai no vaig aclarir a quina de les dues, i només es deixava veure per la Facultat d'Econòmiques quan es convocava una assemblea. Duia una barba d'un color pàl·lid i la seva mirada d'ulls blaus era intimidatòria, gairebé messiànica. Es caracteritzava per un discurs revolucionari vibrant, jo diria que il·luminat, sempre en contra de les propostes de tots els altres, als quals titllava de demòcrataburgesos, revisionistes i estalinistes. En tots els meus anys de carrera, vaig pensar, no recordava haver-lo vist mai entrant o sortint d'una aula on hi hagués classe. O en Josep Piqué, de cabells rossos, serrell rebel, ulls blaus i pinta de setciències, que era com una mena d'oracle i pou de coneixements per als seus partidaris del curs del matí (molt més que la Birulés, a pesar que ella sempre treia la nota més alta). El conservaven com si fos una relíquia. Una vegada, arran del suggeriment d'un company en una assemblea de curs de consultar en Piqué per conèixer la seva opinió, vaig sentir dir a un futur catedràtic de política econòmica, actualment epígon de la fal·làcia de l'economia de mercat i la competència perfecta i abans comunista i líder del moviment estudiantil:

—A Piqué no se le puede molestar por una cosa así, hombre!, que está en casa estudiando.

L'anècdota podia semblar de poca volada, però era prou significativa i a mi sempre em venia a la memòria. ¿Com se li havia pogut acudir, al company, demanar la presència d'en Piqué per ajudar-nos a resoldre un problema *domèstic*? Precisament en Piqué, que feia dues carreres i no es podia permetre el luxe d'anar a totes les classes i assemblees. Potser sí que en Piqué estudiava a casa de valent mentre els altres politiquejaven d'aules endins i aprovaven les assignatures sense esforçar-s'hi gaire. Potser sí que en Piqué, militant o simpatitzant de BR i del PSUC, ja no fullejava els tres toms d'*El Capital*, editats pel Fondo de Cultura Económica de México, o els llibres dels teòrics marxistes de la crítica de l'economia política, el desenvolupament capitalista i la planificació del socialisme (com Oskar Lange, Paul M. Sweezy o Charles Bettelheim). Potser sí que se li veia el llautó i ara s'interessava més pels economistes neokeynesians, partidaris d'una intervenció activa del govern en l'activitat econòmica a través dels impostos i la despesa pública (per corregir les deficiències del mercat en l'assignació de recursos, afirmaven, redistribuir la renda i estimular el consum i la inversió). O, fins i tot, pels monetaristes ultraliberals de l'Escola de Chicago, contraris a aquesta intervenció però defensors a ultrança d'un control rígid de la quantitat de diners en circulació (per evitar l'alça dels preus, no s'estaven de dir, pressionar els salaris a la baixa i augmentar els guanys de capital).

L'ortodòxia keynesiana deixava pas a l'heterodòxia monetarista, vaig pensar. La inflació dels anys cinquanta i seixanta ja no servia per superar l'estancament econòmic i aconseguir la plena ocupació als països desenvolupats (fins i tot provocava els efectes contraris); i les tesis antidèficit fiscal de Milton Friedman i companyia, després de la no-convertibilitat del dòlar i la crisi del petroli de l'any 1973, s'imposaven entre els partits més conservadors i reaccionaris. Qui sabia, doncs, si en Piqué, hereu de l'últim alcalde franquista de Vilanova i la Geltrú i oracle de l'esquerra revisionista, es deixava seduir per alguns d'aquells economistes burgesos, sacralitzadors del liberalisme com una categoria consubstancial de la llibertat i la democràcia (amb permís dels grans monopolis i les companyies transnacionals, és clar), i pensava més en el seu «futur econòmic» que no pas en el futur de la revolució socialista internacional.

Barcelona, octubre del 1978.
Benvolgut fill,
Han transcorregut set mesos des que vas tornar del servei militar i en aquest temps has acabat la carrera, t'has llicenciat amb grau i has aconseguit la primera feina: auditor de comptes d'una prestigiosa firma internacional, Price Waterhouse & Co. Enhorabona. Com tu dius, potser no és exactament una feina de la teva especialitat, però la necessitat dóna pressa i l'experiència no espera. Tant la teva mare com jo, d'això no en dubtis, estem molt contents que siguis un home casat i pare de família (el teu fill Marcel és una preciositat i l'Elvira ens cau molt bé, igual que tota la família de València). El que ens preocupa una mica és com ha anat tot, de ràpid. I per això et dic que no sé si ho hem acabat de pair. Fa dos estius te'n vas a Eivissa de vacances, coneixes una noia de València, us trobeu els caps de setmana, tots dos estudieu, ella ve a veure't al campament de Cerro Muriano, el cap de setmana anterior a la jura de bandera, i quatre mesos i mig després t'hi cases a corre-cuita

perquè espera un fill teu. ¿Recordes quan eres petit i em deies que tu no et casaries mai perquè no sabries com guanyar-te la vida? Crec que ja no fa falta que et respongui.

La tieta Remei m'ha dit que et regala el quadre de Guinea que a tu t'agrada tant: el de l'Hacienda Natividad. Allí, com ja saps per les meves cartes, hi va viure en Rimbau i també la Pepita Blasco, l'autora del quadre de la posta de sol damunt el mar que penja de la paret del rebedor de casa nostra. Avui, en veure la pintura de la tieta, m'han vingut molts records d'aquella casa i de Guinea, i, és clar, me n'he enyorat. No sé si podràs entendre-ho, però jo em vaig començar a morir el dia que en Rafel Izquierdo, a l'aeroport de Santa Isabel, em va advertir que, tal com anaven les coses, no hi tornaria mai més, a Fernando Poo. Potser aleshores no era del tot conscient de les seves paraules, i pensava que, passats els primers rampells antiespanyols i anticolonials, el país es redreçaria i podríem viatjar-hi amb normalitat. Però en Rafel tenia raó, i vaig haver de fer tots els esforços possibles per no sentir aquella pèrdua. Amb prou feines intentava ser un bon pare i sortir-me'n de la millor manera. I, certament, em considerava reconfortat de viure amb vosaltres i veure-us créixer. Aquell era l'objectiu que havia anhelat tantes vegades, la recompensa als meus sacrificis, però m'enganyava. Al meu interior, un rau-rau em premia el diafragma i em feia un buit a l'estómac. No, no era per la història que encara no t'he explicat (i que potser imagines), sinó pel desig d'ensumar aquelles olors tropicals, plenes de fragàncies i espècies, i de sentir una altra vegada les picades dels mosquits, i la pell sempre humida, i la pluja calenta, i la sang alterada. És el mal de l'Àfrica, una passió insana que t'arriba fins al moll de l'os. Si no hi has estat és molt difícil d'entendre.

Amb el pas dels anys i els quilos de més, aquell neguit enyoradís es va convertir en una nàusea. Ja no tenia esma ni de llegir els llibres de la Pearl S. Buck i en Somerset Maugham que m'havien fet somiar tantes vegades. Em veia a mi mateix com un pusil·lànime i un descastat, sense un lloc a la vida. Algú que ja ho ha fet tot i que només espera la mort física, la que és tan sols un formalisme de traspàs, com firmar a sota de l'acta de defunció. L'aventura s'havia acabat, les il·lusions i els desitjos havien mort, eren temps de malalties cròniques, paludisme i medicaments inútils. Per això vaig aferrar-me a l'amic Tomàs, i a tu, és clar. En

Tomàs Rimbau era com el darrer alè que encara em quedava, la possibilitat de deixar-ho tot i anar a buscar-lo, en aquella petita illa del cor de l'Àfrica negra. ¿No l'has pensat mai, un final així? ¿No has pensat mai a fugir ben lluny, on ningú no pugui trobar-te? Sí, ja sé que no m'ho perdonaries, encara amb més raó que per no haver-te portat de petit a Guinea. No et preocupis, no m'he tornat tan boig per seguir les passes d'en Rimbau, em sembla que ja t'ho he explicat en alguna carta. El que volia dir-te és que quan no podem viure intensament la nostra vida, més val imaginar-nos-en unes altres, o recuperar els nostres millors records. Pensa-hi.

Una novetat a casa: l'oncle Alfonso ens deixa i se'n va a viure a les Llars Mundet, on tu vas fer la primera comunió. Sé que no està bé dir-ho, però me n'alegro. Darrerament no l'aguantava, i per culpa seva la mamà i jo sempre estàvem discutint. Per fi podrem tenir una habitació més, a casa. Comprenc que no pensis igual que jo, i que et sàpiga greu, però el seu desordre ja passava de mida. Tu te l'estimes, és clar, perquè de petit, quan jo no hi era, els diumenges et portava de passeig pel parc Güell i d'alguna manera et feia de pare. Per això no vull predisposar-te en contra d'ell. Ara bé, que consti que mai no vaig estar d'acord que posés el seu compte d'estalvi a nom de la teva germana. Tu no hi vas mostrar cap disconformitat, com si no volguessis barallar-te per un afer com aquest, però sé que no et va semblar just. A mi tampoc. La mamà és una ingènua, i es pensa que la Cristina tindrà més dificultats que tu per guanyar-se la vida. No ho sé, avui en dia les dones tenen moltes més facilitats que abans, i potser el més necessitat de diners ets tu. Quan la mamà li ho va proposar, l'oncle Alfonso no va dir res, ¿ho entens? No va dir: ¿per què la Cristina sí i el Lluïset no? Va assentir amb el cap, simplement va fer que sí amb el cap, com si li importés un rave una cosa o l'altra. I s'estava parlant dels seus estalvis quan es morís! Més val deixar-ho córrer, no vull emprenyar-me. La teva mare i jo no tornarem a discutir per aquesta raó, ni per aquesta ni per cap altra relacionada amb l'oncle Alfonso. A partir d'ara, ni en parlarem, ho he decidit.

Rep una abraçada molt afectuosa del teu pare.

Aquella carta em va desorientar una mica. D'una banda el meu pare feia palès el seu desànim més absolut i de l'altra m'animava a fugir lluny o a viure dels meus propis records. I per primera vegada deixava entreveure una història que no m'havia explicat i que ell creia que ja me la imaginava (allò també em va confondre, perquè de seguida em van venir pensaments contradictoris i rebutjables). Després de donar-hi unes quantes voltes, vaig arribar a la conclusió que no m'imaginava res, o sí, però que l'única certesa que tenia era aquell neguit seu enyoradís per l'Àfrica i un interès obsessiu pel passat d'en Rimbau (del present no en donava cap notícia més). Si el que pretenia era engrescar-me en les passions del seu amic, per alguna raó que no acabava d'entendre, ja ho havia aconseguit amb escreix, vaig pensar. Però si tractava de fer-me saber que ja no tenia esma de continuar vivint i per això només li quedaven els somnis, era ben trist i depriment.

La referència al meu matrimoni sobtat, mentre feia la mili, em va semblar un toc d'atenció irònic, molt propi d'ell. La inexperiència em va jugar una mala passada, què hi farem, però, ¿qui no era inexpert la primera vegada? Tothom n'era, i, en canvi, no hi havia error possible: el matrimoni canònic durava tota la vida, sobretot si no tenies diners per aconseguir una anul·lació al Tribunal de la Rota. Una contradicció irresoluble que vaig resoldre fugint sense pensar en les conseqüències. Potser el que més ràbia em feia era haver de donar-los la raó, a tots els qui em desaconsellaven que em casés en aquelles circumstàncies. No era gaire normal casar-se a la mili, certament, però encara era pitjor no casar-s'hi, si és que havies deixat embarassada la teva nòvia. Quan li vaig demanar el permís, al capità capellà del meu regiment d'artilleria, l'home em va mirar amb uns ullets sorpresos, jo diria que lascius, i em va etzibar:

—Artigues, ¿qué ha hecho, coño? ¿No tenía dinero para comprarse condones? ¡Vaya por Dios! De todas formas, si le han dado permiso para ir a casarse a mediados de mayo, tendré que hacerle las amonestaciones de golpe. No es muy normal, pero no hay tiempo suficiente.

I ho va fer, i tant que ho va fer, i amb quina fe. Aquell capità capellà, que en les xerrades que ens feia justificava la prostitució perquè si no, hi hauria més crims i violacions al món, va fer totes les trampes litúrgiques imaginables perquè em pogués casar el dia fixat. El problema era que només em van donar permís de dijous a diumenge, i la boda era dissabte. Això volia dir que el diumenge a la nit (o el dilluns ben de matí) havia de tornar a Sevilla, a la caserna. Només disposàvem d'una nit per gaudir del nostre enllaç, una nit en una habitació de parets escrostonades d'un pis en ruïnes del barri de Patraix, sense llum ni aigua corrent, i gitats en un matalàs pollós a terra. Aquest era l'escenari de les nostres trobades d'amagatotis, un lloc on, a més a més del matalàs i la brutícia, compartíem una cadira per penjar la roba, una tauleta de nit de fullaraca vella i marbre rosat i un cossi per rentar-nos.

Encara no entenia com no vam anar a un hotel decent. O sí que ho entenia, vaig pensar, tenint en compte que jo estava a punt de fer vint-i-tres anys i l'Elvira vint-i-dos. En aquell pis infecte del barri de Patraix de València, a prop d'on es va fundar la Federación Anarquista Ibérica (FAI), havíem viscut el nostre amor furtiu de cap de setmana, de tan sols catorze caps de setmana (des d'un mes de setembre fins a la darreria de desembre), i pensàvem que quin lloc millor que aquell, el nostre, el més preuat, si l'endemà, diumenge, jo havia de tornar a Sevilla per continuar fent el servei militar. Això és el que vam pensar, ben disposats a fer la nostra en contra dels suggeriments i les recomanacions de les famílies respectives, que insistien a fer una col·lecta i pagar-nos la nit al millor hotel de València. Potser els hauríem d'haver fet cas i aleshores encara conservaríem un bon record d'aquella nit, un record de llençols nets i llums càlides, sense espelmes ni espalmatòries ni ombres xineses projectades a la paret. Vam fer malbé el nostre espai de complicitat, el niu que ens havia acollit durant aquells catorze caps de setmana furtius a València, quan del que es tractava era de preservar-lo en la memòria. Conscients de la nostra errada, en comptes de fer l'amor ens vam deixar caure pel pendent del retret i la culpabilitat mutus. Vaig tornar a la caserna com si ingressés en un convent per fugir del món. Només desitjava oblidar-me del meu matrimoni. I al nostre fill encara li quedaven sis mesos i mig per néixer.

Si al meu pare li agradava pensar que tornava a l'Àfrica amb l'objectiu de rescatar en Rimbau, per quina raó jo no podia somiar que em desempallegava d'un matrimoni que m'havia trasbalsat l'existència. Quedaven els sentiments, és clar, la responsabilitat i tot allò que formava part de les obligacions d'una parella amb fills. Per això contraposàvem els sentiments als desitjos, per no convertir-nos en salvatges i perdre'ns a la jungla. Llàstima de no haver-me adonat a temps que primer calia ser salvatge, llàstima de no haver sabut abans que necessitava perdre'm a la jungla (encara que fos urbana) per descobrir els meus propis límits i poder recuperar els sentiments. Però la vida era com era, i poc podíem fer per canviar-la. Si més no, vaig pensar, tots arrossegàvem algun llast, alguna cosa de la qual no ens sentíem gaire orgullosos.

Respecte a l'assumpte dels estalvis de l'oncle Alfonso i la meva germana, no sabia que hagués causat tantes discussions i maldecaps als meus pares. A mi se me'n refotien, aquells quatre duros, ja se'ls podien ficar on els cabessin. Estava cansat de sentir-ne parlar. La mamà s'havia equivocat, sens dubte, però ara m'adonava que ella no en tenia la culpa, ni tampoc l'oncle Alfonso, a qui tant li feia qui gaudiria dels seus exigus estalvis quan es morís. Potser de preferir-ho, hauria preferit rebentar-s'ho tot abans que se n'aprofités algú de nosaltres, la Cristina inclosa.

Barcelona, juliol del 1983.
Benvolgut Lluís,
Avui he sentit la necessitat d'escriure't després de tant de temps i el primer que et demano és que em perdonis. Ja han passat cinc anys des de la darrera carta, i potser et preguntes el motiu de la tardança. Doncs no n'hi ha. El temps és així, es fa curt o llarg en funció de les nostres

vivències i aventures. I ara a mi se'm fa llarg, molt llarg, i encara més quan els dolors augmenten. Què vols que t'expliqui per carta que no t'hagi dit per telèfon. Sento la decadència progressiva del meu cos, rampes i tremolors que em sacsegen cada vegada amb més intensitat, reumatismes intensos, i això em treu l'energia. Estic trist, però no tant per mi com per la mamà. Ja et vaig avançar que li ha sortit un tumor al pit i és molt probable que sigui cancerigen. Ella no en sap res, creu que no cal que ens hi amoïnem, però el metge m'ha dit que hi ha poques esperances. Ja ho veus, ara que havíem aconseguit entendre'ns, sense enfadar-nos per qualsevol ximplesa, la vida ens gira l'esquena. Que n'és de cruel, Déu.

La Cristina ens fa més companyia que mai, tot i que els caps de setmana desapareix i no la tornem a veure fins dilluns. Tant a la mamà com a mi ens va saber molt de greu que et separessis de l'Elvira. No és cap retret, fill meu, suposo que era el que havia de passar, després d'un matrimoni tan sobtat. Espero que ella estigui bé, així com el Marcel, pobrissó, que ja deu ser un homenet. Fa tants mesos que no el veiem, però ara no és moment d'anar a València. Dóna-li records de part nostra, i als iaios també, si els veus, ja saps que ens cauen molt bé. Permet-me, però, que et faci un dels meus retrets, aquest cop justificat. A la mamà i a mi ens preocupa aquesta vida al límit que vius. ¿Que com ho sé? Tinc els meus espies, a València, i encara que tu no ens diguis res ells sí que ho fan. Em sembla que la separació t'ha desorientat una mica i ara estàs cremant etapes perquè vols recuperar no sé quin temps perdut. Espero que les cremis al més aviat possible i t'adonis de l'error. ¿Entesos?

Darrerament penso molt en la nostra família, i els ulls se m'omplen de llàgrimes. En el fons em penedeixo de no haver aprofitat millor el temps, o de no haver-lo sabut compartir. De vegades somio que torno d'un d'aquells viatges (ara ja no somio que me'n vaig). Tu tens tres o quatre anyets. Sempre és el mateix somni: arribo a l'aeroport, recullo l'equipatge, camino cap a la porta d'arribades internacionals, veig la teva mare, amb el vestit blanc i la pamela, ens apropem a poc a poc, com si no estiguéssim segurs de nosaltres mateixos, i, quan som a unes passes de distància, ens llancem l'un damunt de l'altra, sense mirar-nos a penes, i ens abracem i ens petonegem com dos actors que fan veure que estan enamorats. Al cap d'uns instants, quan m'adono que tu ets allí i em disposo a agafar-te a coll, resulta que has desaparegut. La mamà comença a cridar el teu nom com una boja: «Lluïset! Lluïset!». Jo ja he deixat d'existir, per a ella. Et busquem pertot arreu, preguntem a tothom si t'han vist, res de res, i, al final, quan el neguit em diu que l'única manera d'acabar amb aquell patiment és despertant-me, apareixes als braços d'una hostessa d'Iberia, la mateixa hostessa que, dins el somni, anava amunt i avall pel petit i estret passadís de l'avió (remenant el cul). La teva mare t'estima molt, ¿saps? Potser més que a mi mateix, i que a la teva germana, per descomptat.

Per concloure, vull afegir unes línies de política, que per telèfon ja saps que no m'agrada parlar-ne. La darrera victòria dels socialistes a les eleccions generals, després de l'intent de cop d'estat militar d'ara fa més de dos anys (del qual tu vas ser testimoni ocular), em preocupa. Sí, hi ha una eufòria generalitzada, sobretot en molta gent de la teva generació, però a mi em sembla que el canvi arriba massa d'hora. No crec que se'n surtin, perquè no tenen experiència i els faran culpables de tots els problemes que hi hagi. En aquest país, no ho oblidis, les dretes són més extremistes que les esquerres, i per als militars la democràcia és com un gra al cul (disculpa'm per l'expressió). Un dia o l'altre tornaran a intentar-ho, no en dubtis, com a Xile i l'Argentina, amb la mateixa lletania de sempre. Recorda el que et vaig dir en una carta anterior sobre el camí al socialisme i la desfeta dels pobles. Em fa l'efecte que ja ho he viscut, tot això.

Rep una abraçada. El teu pare.

Mentre llegia aquella carta sentia que el meu pare s'allunyava definitivament de l'Àfrica i de l'aventura d'en Rimbau, o que la seva mirada era una mirada d'aquí cap allà, d'anada i de tornada sense retorn, de pèrdua fins i tot de qualsevol esperança. Després de cinc anys sense escriure sobre mi, encara necessitava més temps per resoldre els punts pendents entre nosaltres, o ja no tenia força per fer-ho, o ho deixava per a la darrera carta (només en faltaven dues). Els seus somnis eren tristos, melangiosos, de derrota, i el més que probable càncer de la mamà començava a ramificar-se virtualment pel seu organisme, vaig pensar. Tan sols els comentaris polítics que feia al final semblaven lluny de la nostàlgia. I a mi em refrescaven la memòria i m'aguditzaven l'enginy.

La victòria de Felipe González Márquez i del Partido Socialista Obrero Español (PSOE) a les eleccions generals de l'any 1982, després de l'intent de cop d'estat, obria una porta a l'esperança, indubtablement, però tal vegada amb massa antelació, com deia ell. Ara corresponia als socialistes fer la feina bruta per salvaguardar la democràcia burgesa i impedir el retorn a la dictadura (o a noves dictadures com les de Xile i l'Argentina). L'esquerra socialdemòcrata en el paper de la dreta, el Partit Socialista bastint l'entramat jurídic burgès que els partits de la dreta no eren capaços ni de redactar. I amb l'estament militar apuntant per darrere. Jo tampoc no ho veia gens clar, encara em quedaven reminiscències revolucionàries (i una desconfiança absoluta pel que feia a la qüestió nacional i el dret d'autodeterminació), però si jugàvem als vots havíem d'acceptar-ne les regles, malgrat que no ens agradessin (aquest era el risc més difícil d'assumir, sobretot si després no hi havia reciprocitat). Davant la burocratització de les experiències comunistes a tot arreu, l'anquilosament dels *pecés* europeus, l'infantilisme dels grupuscles trotskistes i el perill d'involució feixista, a hores d'ara pensava que més valia consolidar un sistema de drets i llibertats democràtiques (amb restauració monàrquica o sense) que anés avançant de mica en mica cap al socialisme (la perversa ideologia revisionista de Kautsky, Hilferding i Otto Bauer, tan blasmada per Rosa Luxemburg, Lenin i Trotski). ¿Hi havia un altre camí, després de tantes derrotes i sacrificis?

Els escàndols de corrupció a les més altes institucions del país i la utilització dels fons reservats de l'Estat per continuar la guerra subterrània contra l'organització independentista ETA (Pàtria Basca i Llibertat) no es van saber fins uns anys després, però la reguera de pólvora que van encendre va ser l'aturador definitiu. L'estratègia de les reformes graduals cap a una societat més justa i igualitària, si és que alguna vegada havia existit una possibilitat com aquesta, va ensorrar-se com un castell de naips. Per acabar-ho d'adobar, la pràctica socialdemòcrata espanyola no havia anat més enllà de transformar i modernitzar el model productiu dins l'actual ortodòxia capitalista neoliberal. A força de reconvertir sectors industrials, privatitzar empreses públiques, liberalitzar mercats, reduir el dèficit fiscal i exigir moderació salarial als treballadors per contenir la inflació, el govern socialista havia aplicat fil per randa la política econòmica de la dreta europea (¿hauria pogut aplicar-ne una altra?). La feina bruta ja estava feta, vaig pensar. En aquesta situació de papers intercanviats, agreujada per les accions criminals dels cossos repressius de l'Estat (encara franquistes) en la «lluita antiterrorista», la derrota del PSOE en les següents eleccions (o a les posteriors) era la crònica d'una mort anunciada. Dissortadament, les paraules del meu pare adquirien ara un caire premonitori que jo, aleshores, il·lusionat com estava amb la victòria socialista (tot i els dubtes de costum), m'hauria resistit a admetre. Vaig preferir no continuar fent més elucubracions sobre un present polític i econòmic que, per a mi, plantejava molts més interrogants que respostes (si de cas, ja hi hauria ocasió més endavant).

En l'any d'aquella carta (1983), jo vivia sol en un pis de protecció oficial d'un barri perdut de València. La vida dissipada i al límit que preocupava els meus pares i els seus informadors (era clar que només podia tractar-se de l'Elvira, a qui, de tant en tant, em trobava pel barri del Carme) havia quedat enrere i ben enrere, vaig pensar. Sortosament, vaig ser capaç de fugir-ne a temps, sense petjades profundes ni òrgans malmesos. A la jungla urbana, tan diferent de la de l'Àfrica (o de la imatge que jo me n'havia fet), m'hi vaig ficar de valent. Cada nit hi viatjava, fins i tot als llocs més poc recomanables i perillosos, però no com a víctima, ni tampoc com a depredador. Talment em sentia en la pell d'un periodista intrèpid que estava fent un documental a qualsevol país del Tercer Món.

Un parell d'anys enrere, a instàncies de l'Elvira, ja que ella no s'adaptava a la vida de Barcelona, havia demanat a la meva empresa que em traslladessin a l'oficina de València. Els seus pares ens van cedir un pis a prop d'on ells vivien, amb vistes al mar, tot just a la frontera entre el Cabanyal i la Malva-rosa. Només instal·lar-nos en aquell pis convencional d'acabats de casar (que lluny del record del pis furtiu de Patraix que havia estat còmplice de les nostres trobades clandestines i d'una nit de noces que més valia oblidar), ja vaig intuir que m'hi estaria poques hores i que la bogeria de la jungla de la ciutat acabaria arrossegant-me irremeiablement. D'altra banda, com que tota la família valenciana s'escarrassava pel Marcel, i jo, segons ells, era massa jove i inexpert per prendre decisions importants, gairebé no tenia responsabilitats paternes que exercir. Això encara em deixava més temps lliure i era l'excusa perfecta de les meves absències. L'Elvira, la pobra, no tenia esma de preguntar-me què feia ni on anava. Havia insistit tant per tornar a la *seua* València estimada que en certa manera se sentia culpable de la meva desmesura. O pensava que era una cosa passatgera, com una llicència permesa abans de posar seny.

 Al cap de tres mesos, però, ja havia substituït les vistes al mar del pis convencional pel celobert d'una finca antiga del carrer del Cardenal Primado Reig. Ocupava una petita habitació les parets de la qual estaven folrades de retalls de diaris, pòsters, fotografies, estampetes de verges i sants, plomes d'aus i mocadors de colors amb lluentons. Compartia el llit amb una dona amfetamínica que no parava de masturbar-me mecànicament, com si jo li demanés cada nit aquell favor a canvi de fer-li companyia, i ella necessités esprémer-se fins al darrer alè adrenalínic. La meva roba (una americana i uns pantalons de conjunt, un parell de camises, calçotets, mitjons, corbates) cabia en una petita maleta que sempre duia amb mi (on, a més a més, guardava el necesser, el pijama, unes sabatilles de cuiro i un parell de llibres que mai no tenia temps de llegir). De matí, quan m'aixecava per anar a treballar, em vestia amb la roba neta (si havia tingut temps de rentar-la), ficava la bruta en una bossa de plàstic, per si de cas passava per davant d'una bugaderia, i guardava tots els estris al maleter del meu cotxe, un Seat 127 de color groc, matrícula de Barcelona, amb una «C» de Catalunya i una «PV» de País Valencià campant en un fons oriflama. Una manera com una altra de no resignar-me a la mentida sobre els nostres símbols identitaris, vaig pensar.

Amb la fòbia anticatalanista que a València augmentava per moments, atiada per una dreta botiflera que sabia prou bé que la ignorància, el menfotisme i les reaccions viscerals eren els grans aliats de la seva política de terra cremada, em va semblar un miracle que aquell cotxe sobrevisqués sense cap taca de pintura de color blau ni cap ratllada intencionada o alguna cosa pitjor. Potser era perquè de dia em desplaçava contínuament d'una banda a l'altra de la ciutat, o a uns quants quilòmetres extramurs, d'empresa en empresa, de pàrquing en pàrquing, de garatge en garatge, i de nit l'aparcava al bell mig del barri del Carme, on els pispes de radiocassets eren més perillosos que els *blaveros* i els escamots de Fuerza Nueva. Cada nit em perdia per aquell barri del centre de la ciutat, com si mai no en tingués prou, ben disposat a qualsevol experiència i aventura estimulant, menys la d'injectar-me pols blanca per la vena. Només de pensar en la barreja de sang i heroïna premuda per l'èmbol de la xeringa ja em venien ganes de vomitar, vaig pensar. Gràcies a aquest rebuig, em vaig salvar d'exposar-me a un risc fins aleshores desconegut. Molts van caure en aquest parany quasi sense adonar-se'n. Morien per sobredosi, emmetzinament o immunodeficiències adquirides per culpa d'utilitzar la mateixa agulla. Tot plegat, un desgavell, però ningú no volia parar per culpa d'això. Qui més qui menys ja sabia quina era la conseqüència, per bé que no se'n parlava. I si no el sabia, tant li feia. Al capdavall, tampoc no era fàcil sortir-se'n. Un cop hi eres, més valia lliscar pel pendent i accelerar el procés.

Allà on anava de la jungla urbana em trobava la fauna més diversa: *punkies* foradats per tota mena de metalls, *rockers* amb caçadores de cuiro negre i àligues a l'esquena, marietes boges revestides de sedes estrafolàries i lluentons, prostitutes esquelètiques addictes al cavall, estudiants universitaris atapeïts d'haixix, camells de pa sucat amb oli amb quatre paperines de cocaïna a la butxaca. Així era la ciutat de València que vaig conèixer a fons: una boirina sempiterna de fum, alcohol, fanals grocs i pixades pels cantons enmig d'un seguit de nits sense dormir i matins impossibles. Una ciutat mutant que no era pitjor que l'altra, la que perpetrava el genocidi diürn de la seva pròpia identitat i m'obligava a canviar de dialecte per sobreviure en la nostra llengua comuna. Aquesta València també la coneixia, però superficialment, com si fos una representació fallera d'ella mateixa que algun dia s'enlairaria envoltada de flames. Tot el que em passava de nit a una velocitat de vertigen era molt més que cremar etapes, com deia el meu pare; era socarrimar-me en alguna fase intermèdia. Però fins i tot la diversió més intensa i excitant podia convertir-se en tediosa i el cos, fatigat, en una màquina que començava a fer senyals d'alarma.

Quan vaig rebre la trucada telefònica del meu pare per anunciar-me el més que possible càncer de la mamà, jo era un supervivent que havia sortit just a temps de la jungla urbana. Conservava miraculosament la feina d'auditor (gràcies a la generosa comprensió del meu director gerent), feia mèrits per entrar al món de la cultura i pretenia relacionar-me amb dones que no em conduïssin a nits inacabables i estralls continus. Havia vist la mort de prop, més d'una vegada, en algun carreró infecte del barri del Carme, per Ripalda o per l'avinguda de l'Oest. Sempre era un cos estès damunt l'asfalt o les llambordes, la xeringa al costat de la mà oberta i l'agulla punxant la vena. I havia vist també els prolegòmens, aquells moviments nerviosos, els ulls lívids fora de les òrbites, l'acció prèvia al desenllaç fatal. Però ara era diferent, vaig pensar; la mort colpejava inesperadament a casa meva, a la meva pròpia família, i jo tancava els ulls per no veure-la.

Barcelona, gener del 1985.

Benvolgut Lluís,

Déu ens ha abandonat. L'absència de la vostra mare em fa pensar massa coses. Sovint em trobo plorant, avergonyit de mi mateix i apesarat per no poder tornar enrere. Durant tot el procés de la malaltia em sentia trist, però el meu cervell es negava a reflexionar, com si esperés la solitud posterior per ajustar comptes. A la teva mare li hauria agradat veure't més sovint, però entenia que no podies deixar la feina per venir a veure-la cada dos per tres. Si t'ho dic, això, és perquè no puc treure'm del cap la seva pregunta insistent: «"¿On és el Lluïset?, ¿a València? La setmana que ve vindrà a veure'm, ¿oi?"». I jo li deia que la setmana que ve segurament no podries venir a veure-la, a causa de la feina; i ella em mirava, i mirava el rellotge que duia al canell per mesurar a la seva manera el temps que faltava, i assentia amb el cap, com donant per fet que la feina era el més important, i que se'n feia càrrec.

No, no podia dir-li la veritat, no podia dir-li que si no anaves a veure-la era perquè no et donava la gana, o perquè els teus compromisos inexcusables eren passar-ho molt bé amb la primera meuca que es posés al teu abast. Al cap i a la fi, una metàstasi òssia tampoc no és tan important, ¿no et sembla? Es tarden només quatre hores de València a Barcelona, i hi ha un munt de trens i autocars. Ja sé que no tinc dret a ficar-me en la teva vida, però no passis pena; el més probable és que quan llegeixis aquesta carta, si és que algun dia la llegeixes, jo tampoc no hi sigui, en aquest món. I per mi no has de plorar una llàgrima. El sentit de les meves paraules has de trobar-lo en allò que una persona hauria pogut fer, en un moment determinat, i no va ser capaç de fer, pel motiu que sigui. Entens el que et vull dir, ¿oi? Estic segur que ara voldries tornar enrere i no bellugar-te del costat de ta mare fins que expirés. Però ja no hi ets a temps, i això et fa sentir malament, molt malament, fins al punt que comences a menysprear-te i maleir-te. ¿Ho veus? Són aquestes decisions errònies les que ens persegueixen la resta de la vida. I no creguis que només et passen a tu. Jo en tinc un bon grapat acuitant-me a les nits sense deixar-me dormir. La qüestió és aprendre a conviure-hi i no acumular-ne de noves.

Moltes vegades em pregunto què hauria passat si hagués pres tal o tal decisió, si la pena per allò que deixava compensava la satisfacció per allò que no perdia. O si tota la vida hauria de penedir-me'n. ¿Per què creus que després d'haver solucionat tots els meus assumptes econòmics per tornar a la Península em va costar tant deixar Guinea? Ho confesso ara sense embuts ni remordiments: jo tenia una *mininga*, és a dir una amistançada (a mi no m'agrada gaire el nom de *mininga*), i em sentia molt a gust amb ella. No es tractava només d'aquelles relacions sexuals esporàdiques de sempre, quan les dones dels bracers s'oferien a canvi d'una pròrroga del contracte. Això era més greu, ja que posava en perill el futur de tots nosaltres. La tieta Remei, que sempre ha estat molt més avançada en totes aquestes qüestions del sexe, era la meva confident. Coneixia personalment la Milagros i li semblava una negra ufanosa i de bon veure, amb un cert nivell cultural, fins i tot. Mai no en parlava malament, ni una sola paraula de desaprovació. No cal dir que la tieta Remei no volia que jo deixés la mamà, de cap de les maneres. El que feia era no immiscir-se en la meva vida, o fins i tot raspallar-me, perquè sabia que si em pressionava hauria aconseguit tot el contrari, és a dir, que jo m'hi encaparrés irremeiablement. I el precedent del tiet, quan ella va descobrir que feia mesos que mantenia relacions amb la dona d'un bracer de la plantació, sens dubte li pesava en l'ànim. Així que preferia fer els ulls grossos.

Aquella història va durar sis mesos, de desembre del 1963 al juny del 1964. En Rimbau se'n reia, perquè n'era un expert, en aquestes qüestions, i deia que allò meu no tenia ni punt de comparació amb el que li passava a ell. Jo havia de tornar a Barcelona a l'abril, però vaig retardar el viatge fins al juny, amb l'excusa d'uns visats que faltaven per al canvi de residència. Molt a pesar meu, vaig haver d'enganyar-la per tal que no em seguís a l'aeroport. ¿T'imagines l'escena?

La mamà mai no va associar el meu mal caràcter dels primers mesos a Reus amb els esforços que jo feia per no pensar en la Milagros, però estic segur que alguna cosa li devia passar pel cap. No sé quina, però alguna cosa que no em volia dir. Potser s'imaginava una crisi de nostàlgia, qui sap, i per aquesta raó preferia no parlar-ne. Era com si el meu passat colonial (el nostre, també) no hagués existit mai o ella desitgés esborrar-lo del record. Només quan jo li anunciava un nou viatge, sempre amb l'excusa d'haver de supervisar les finques del senyor Giralt, la sentia plorar tancada al bany. A mi em queia l'ànima als peus, però no podia renunciar a anar-me'n, encara que fos per sentir un cop més aquella calda humida i la fragància del *country tea* escampant-se per tota l'illa. Era una olor molt especial, la del te del país, com de perfum de llimones. Durant aquells viatges, vaig tractar de localitzar la Milagros diverses vegades al club on l'havia conegut. Sempre em deien que havia tornat a Bata, a casa de la seva família. Vaig estar temptat d'anar-hi, però al final vaig deixar-ho córrer. D'alguna manera preferia no tornar a veure-la, no haver de passar pel tràngol de les disculpes i els remordiments, en el millor dels casos. Vés a saber amb qui vivia ara, i en quin embolic podia ficar-me.

¿Vols que t'expliqui quan i com la vaig conèixer? Doncs va ser aquella mateixa nit de la festa de la collita a l'Hacienda Natividad, però no allí, naturalment, sinó en un concorregut club d'*alterne* de Santa Isabel. Quan érem al jardí de l'Hacienda escurant les copes i fent els comiats de rigor, un invitat va proposar de continuar la gresca a Santa Isabel. M'hi vaig afegir, ja que la tieta Remei havia decidit quedar-se a dormir a la capital per l'endemà fer algunes compres i tenia tres places disponibles al cotxe. Abans que pogués badar boca els ocupants ja eren dalt asseguts. La vida és així d'imprevisible i sorprenent. Llavors, no em vaig atrevir a explicar-te la gran contradicció en què vivia, el dilema que em consumia per dins. Volia transmetre't que desitjava tornar amb vosaltres, que desitjava una vida en família, tots junts, i això era indubtable, t'ho asseguro, però aquella negra em va fer alguna mena d'encanteri. Ja ho veus, en certa manera també sóc com en Tomàs Rimbau. La diferència és que ell es va atrevir a viure fins al final la seva història passional i jo no; vaig ser valent, o covard, depèn de com es miri. I mentider. El que no et dic és si em penedeixo d'algun fet, o d'alguna qüestió, com per exemple haver pres la decisió errònia en lloc de la correcta, o la correcta en lloc de l'errònia. Encara que et sembli estrany, això hauràs de decidir-ho tu.

Una abraçada i perdona els retrets. El teu pare.

Vaig encaixar malament la carta, més que qualsevol altra. Era com si m'haguessin clavat una puntada de peu a les parts baixes. No tenia excuses, ni paraules. Li devia encara els plors, a la meva mare, per totes les vegades que podia haver anat a veure-la, per alleugerir-li l'agonia, i vaig preferir quedar-me a València i fer la meva vida. La imatge d'ella prostrada al llit de l'hospital de Sant Pau mirant contínuament l'hora al seu rellotge (o al meu, perquè el rellotge que duia al canell era el Festina que m'havien regalat el dia de la primera comunió) em destrossava per dins. Sempre havia estat un fill desagraït i esquerp, vaig pensar, i un mal pare. Quan el meu fill es va rebentar la melsa, per culpa d'una caiguda en bicicleta, només vaig ser capaç d'anar un dia a la clínica a veure'l. Un únic dia, a la tarda, i no m'hi vaig estar més de mitja hora. El meu fill sempre m'ho retreia, això, i jo no sabia quines excuses donar-li, com no fossin les mateixes de sempre (que si jo vivia en un desordre absolut i no m'adonava de les meves responsabilitats, que si necessitava esbravar-me i fugir de la rutina). Però les excuses per la meva vida dissipada no em deslliuraven del sentiment de culpa, així que més valia empassar-s'ho, encara que se'm fes un nus a l'estómac. Com a mínim em quedava el regust amarg del penediment cada cop que en feia memòria.

Respecte a la història que el meu pare per fi m'explicava, val a dir que em va decebre. Francament, jo creia que arribats en aquest punt el meu pare escriuria una altra història, una història més tòpica, si de cas, però no per això menys commovedora i interessant. A pesar que en les primeres cartes havia arribat a imaginar-me una relació com la d'en Rimbau, la idea que anava covant era que, per a ell, el sexe amb les negres no passava de ser un antídot contra la solitud, un assumpte del diable (segons les seves pròpies paraules) que calia combatre allerant el propi desig carnal. Contactes sense amor i sentiments, és clar, però no exempts dels fruits que podien engendrar-se entre una dona i un home. Vaig tornar a fer memòria dels darrers paràgrafs de la primera carta, on havia escrit, si fa no fa, que aquelles relacions furtives no l'afectaven, per molt que llisqués una vegada i una altra pel damunt de tantes pells brunes anònimes i diferents. Mentia, sens dubte, i m'estranyava que al final s'hagués enamorat d'una negra. Mirant les fotos de l'àlbum, hauria jurat que per enamorar-se, o excitar una altra mena de desitjos, preferia les dones blanques de cabells rossos o castanys, preferentment mamelludes (llevat de la Françoise Hardy, que era ben plana), i en calces i sostenidors o banyador. En sabia ben poc, vaig pensar, dels gustos i les passions del meu pare. Mentre em feia creus pel que hauria pogut passar, si la mamà se n'assabentava, vaig entendre a la fi aquells paràgrafs seus que em ballaven pel cap: «hi ha un assumpte greu que he de resoldre, ara no te'l puc explicar, però imagina't per uns instants que jo sóc com en Rimbau, o que em passen les mateixes coses que a ell. ¿Oi que m'entens?».

Barcelona, agost del 1993.
Benvolgut fill,
He arribat al final de la meva vida. Em sembla que puc endevinar el que penses. Si m'has seguit fins aquí segur que t'estàs preguntant, si és que no t'ho has preguntat abans, com és que mai no vas rebre cap d'aquestes cartes adreçades a tu. O més ben dit, com és que no te les enviava ni te'n parlava. La resposta és senzilla: ¿Què n'hauria pensat, la mamà, si les llegia? Res de bo, és clar. Alguna vegada vaig estar temptat de fer-ho, quan ja eres gran, però no n'hauríem tret profit, ni tu ni jo. Quan acabava d'escriure una carta ja sabia que el seu destí final era la carpeta. Si vols que et sigui sincer, les escrivia més per satisfer els meus neguits personals que no pas per ficar-les dins un sobre. I també perquè l'estil epistolar, de pare a fill, m'ajudava a reflexionar sobre la vida, i tenir un món interior. N'he estripat algunes, així com molts apunts i paràgrafs sense cap ni peus, i n'he retocat d'altres, però les cartes que ara estàs a punt d'acabar de llegir són les que he volgut llegar-te. No et podia negar el dret a conèixer-me una mica millor, amb tots els meus defectes. És una manera de reparar el dany que et vaig fer, i també de poder fer les paus amb mi mateix.
Des de la darrera carta, del 1985, fins a aquesta, que és ja de ben entrada l'última dècada del segle, han passat moltes coses, de bones i de dolentes, però em fa l'efecte que més de dolentes. La tragèdia nuclear de Txernòbil i la recent Guerra del Golf no són uns bons auguris per als nous temps que us esperen. Em sap greu que totes les penúries i els sa-

crificis que hem passat a la vida no hagin servit per deixar-vos un món millor. Segurament et preguntaràs per què no t'he escrit més. Ho he fet, creu-me, però res del que et deia, o em deia a mi mateix, valia la pena de ser recordat l'endemà, o de ser transmès a algú (a tu). Han estat uns anys d'emborratxar-me quan la Cristina no hi era (ara puc dir-t'ho), d'escriure el primer que em passava pel cap i, al matí, amb el cap més lúcid, llençar-ho tot a la paperera. Espero que em perdonis. Després de la mort de la mamà la manca del sentit de viure ja no era només una interrupció temporal que es pogués restablir amb una carta. El meu rellotge es va aturar amb el seu. Va ser la segona mort. Si a la primera encara hi havia la possibilitat d'amagar el desig passional i començar una nova vida amb vosaltres, ara res de tot això tenia sentit. Ja no valia la pena somiar en cap futur, el futur no existia, era la mort definitiva. Sabia que encara em quedaven algunes veritats per dir, però em sentia incapaç de lligar dues línies que tinguessin cara i ulls. Totes les cartes corresponen al passat, a moments anteriors al trist desenllaç de la mamà. Només podia escriure-te'n una més, i aquesta última l'havia de redactar uns dies abans del traspàs (no et preguntis com he estat capaç de filar tan prim, ¿d'acord? El meu esperit és africà). D'alguna manera és un comiat definitiu, però també un advertiment perquè tractis sempre de prendre la decisió que creguis més correcta, encara que després t'adonis que n'hi havia una de millor.

Parlant de les coses que t'afecten, em va complaure molt la teva tornada a Barcelona, ja que no entenia el canvi radical de feina. Que comencessis a treballar a l'Ajuntament de València com a economista em semblava bé, però que en lloc de fer números et dediquessis a programar un festival de teatre, dansa i música al carrer em semblava una cosa estranyíssima. ¿Què en sabies, tu, del món de la cultura i l'espectacle? Ara, com a mínim, tot i que continues en aquest sector tan, diguem-ne, excèntric, ets el responsable dels pressupostos i la comptabilitat.

Em va complaure molt, també, que et tornessis a casar, després de la vida que portaves. A la mamà li hauria agradat, la Glòria, a pesar de l'adoració que tenia per l'Elvira, i se sentiria orgullosa de tenir una néta tan maca com la Irene. La llàstima és no haver pogut compartir totes aquestes emocions amb ella. Per això, després de la seva mort, em sentia absent, com si ja no hi fos. Has de perdonar-me si no vaig actuar sempre correctament, ningú no pot tornar enrere i rectificar. La Glòria em va ajudar una vegada, ¿saps? Necessitava diners per acabar de pagar un deute i no m'atrevia a demanar-te'ls (ets tan garrepa). Li vaig pregar que no te'n digués res. Si ara t'ho dic és per una raó: perquè no he pogut tornar-li les cent mil pessetes. Fes-ho tu, fill meu, com si jo te les hagués deixat en un sobre expressament, i així em fas quedar bé amb la teva dona. I a la Irene vull que li guardis la fotografia del seu primer aniversari, la que sortim ella i jo amb el pastís i l'espelma en primer terme. Que poc junts que hem estat, ¿oi? Un aniversari, tan sols el primer. M'hauria agradat molt veure-la créixer, t'ho asseguro, i que quan fos més gran em truqués per telèfon, com fa el Marcel de tant en tant, que ja és un homenet. Només et demano que siguis un bon pare per als teus fills (molt millor del que jo vaig ser-ho per a tu i per a la Cristina), i que et preocupis una mica més pel Marcel, que sempre es queixa que no vas a veure'l mai. Si vols que et digui el que en penso, em sembla que el teu fill no ha paït mai la vostra separació, i molt menys que et tornessis a casar. Ell sempre creia que sa mare i tu us reconciliaríeu. Ajuda'l, fes-me cas, si no, encara ho faràs pitjor que jo.

Sento fer-te aquests retrets, com els de les cartes anteriors, però permet-me'n un més, l'últim. Ja saps que la poesia sempre m'ha agradat molt. A tu no, no cal que m'ho diguis. Fins i tot quan eres petit et posaves a plorar com un boig quan jo recitava algun poema còmic. No podies suportar deixar de ser el centre d'atenció de la família. Tothom alabava els meus dots de rapsode per recitar de memòria, i, en canvi, tu, fill meu, els menyspreaves olímpicament, sense saber que gràcies a ells em vaig salvar del camp de concentració i d'una mort quasi segura. Però ara ja no ets un marrec que amb els teus plors em puguis fer callar, ni un adolescent que amb la teva noció de vergonya em puguis fer sentir malament, ni un adult que amb la teva indiferència em puguis deixar de banda. T'ho dic amb tot el respecte: si has vingut a aquest món és gràcies a tots els poemes que, en mitja hora escassa d'emissió radiofònica, era capaç de recitar de memòria mentre era presoner al camp de concentració. Si hi ha alguna cosa pitjor que una guerra és una guerra perduda, i l'angoixa de no saber si l'endemà t'afusellaran. Els anys de les culpes tenen aquest llarg epitafi, fill meu, gràcies per la teva paciència.

Una postdata sobre en Rimbau. En Ramon Sangenís m'ha trucat

des de Malabo. Jo ja sabia que havia tornat a Guinea, ara que alguns estan recuperant les seves propietats, però no m'esperava que ho fes tan ràpid, gairebé sense acomiadar-se. Fins i tot a mi em vénen ganes de provar-ho, per morir-me allí, però em sembla que més val deixar-ho córrer. El que volia dir-te és una altra cosa prou important. Una nit del mes passat, en Sangenís va sentir que el timbre del seu taller sonava insistentment. L'home es va espantar, pensant que era un control policíac dels molts que hi ha ara per tot el país, però quan va obrir la porta endevina qui va veure: en Rimbau! Tal com ho escric, en Rimbau era allí davant, com si fos un ressuscitat. Caminava malament, perquè tenia les articulacions del fèmur i els malucs fets malbé, i no hi veia un bou a tres passes, a causa de la miopia i de no dur unes ulleres ben graduades. Però havia sobreviscut tots aquests anys en unes condicions increïbles. En Sangenís m'ha promès explicar-me tota la història en una carta propera, però jo ja no viuré per llegir-la. Fes-ho tu, fill meu, i així potser tindràs un motiu per fer el viatge que et dec.

Una abraçada per sempre, allà on sigui. El teu pare.

Abans d'entrar en consideracions sobre aquella última carta, escrita amb el pols tremolós i erràtic (era la primera vegada que tenia unes certes dificultats per entendre'n la lletra), vaig regirar tots els papers per veure si n'hi trobava un d'en Ramon Sangenís. La recerca va ser infructuosa. Segurament la carta devia estar de camí, vaig pensar, i arribaria un dia d'aquests. El que havia de fer era trucar per telèfon a la senyora Rossich perquè guardés tota la correspondència de Guinea adreçada al meu pare. La senyora Rossich m'estimava gairebé com un fill, no en va s'havia ocupat de mi moltes vegades, i resava per tots nosaltres. Per això podia confiar molt més en ella que en la meva germana.

Si bé les raons per les quals el meu pare no m'havia lliurat mai en vida cap d'aquelles cartes tenien una certa coherència, tot i que no acabava d'entendre-les, o si més no d'acceptar-les, el que més em va sobtar va ser l'estranya associació que ell feia entre el moment d'escriure les darreres conclusions i la seva mort, com si hagués volgut fer un joc de paraules entre l'esperit anímic d'un mateix i la creença en un esperit aliè protector. Vaig preferir no pensar-hi, tal com ell em demanava, com també vaig passar per alt les borratxeres que diu que agafava en absència de la Cristina (caldrà veure'm a mi, en la mateixa situació). El que em feria el sentiment era que em digués garrepa (entre parèntesis) i, sobretot, el to del seu últim retret. En això no hi havia mitges tintes. Podia haver-se'l estalviat, i més en una carta de comiat com aquella. Necessitava estimular certs records íntims per trobar-hi alguna excusa que em servís de coartada. Sí, ja sé que ell havia patit molt i que estava dient-me adéu per sempre més, i que la vida era molt dura i volia que prengués decisions encertades en lloc d'equivocar-me, però feia un munt d'anys que sentia la cançoneta de la Guerra Civil i les seves queixes sobre la meva manca de sensibilitat poètica. Encara bo que, fora dels reganys, la mala consciència i les visions catastrofistes de la humanitat (que, per desgràcia, eren certes), reprenia el fil de la història intermitent d'en Rimbau, just quan jo ja n'havia perdut l'esperança. Amb una sorpresa final que s'assemblava més a un repte que a un desenllaç.

El meu pare m'havia privat d'aquell món idíl·lic de l'Àfrica, i també de la seva presència durant els primers deu anys de la meva vida, però a ell encara li feia nosa que jo m'ho hagués passat bé programant espectacles i concerts al carrer en lloc d'avorrir-me auditant empreses. Les coses havien anat així, li agradés o no, i solament les interpretacions que en fèiem podien diferir. Era cert que aquella etapa de la meva vida havia coincidit amb la malaltia de la meva mare, vaig pensar, però jo no l'havia triada (com tampoc no triava les xiques amb qui jeia ocasionalment). Van ser les circumstàncies, o el destí, o les dues coses alhora; no trobava una explicació millor per justificar una actitud tan egoista, si és que la meva actitud era egoista. Les circumstàncies van fer que entrés a treballar d'economista a l'Ajuntament de València i que pogués deixar la firma d'auditoria (quan ja n'estava fins al capdamunt i la meva salut em reclamava un canvi); i les mateixes circumstàncies van jugar a favor meu perquè, un cop dins l'Ajuntament, el mateix alcalde de València m'encarregués la programació d'un festival d'estiu a la ciutat, a l'estil del d'Avinyó (o, si més no, del Grec de Barcelona, que era un model més imitable), aprofitant les caloroses nits del mes de juliol i l'atracció turística de la fira taurina. I tot per la casualitat d'haver conegut el responsable del Servei d'Informació i Premsa de l'Ajuntament en una gala de solistes de dansa clàssica, just quan l'avi Nureiev acabava de fer el primer torn de *jetés*. N'estava fins al capdamunt, d'aquell virtuosisme carrincló i de tanta dama empolainada empudegant la platea, i vaig sortir al vestíbul del Teatre Principal per airejar-me una mica. Mentre reflexionava sobre com era possible que un teatre de gestió socialista fes una programació de dansa tan rònega i decadent, el vaig veure. Era allí, assegut en un sofà de vellut verd, per la mateixa raó que jo, vaig pensar. Llegia el programa de mà. No ens coneixíem de res, però tan bon punt va adonar-se de la meva presència, va alçar els ulls, uns ulls negres i escodrinyadors, va fer un aleteig de pestanyes capaç de desorientar el més pintat i em va preguntar si tenia un cigarret. Així va començar el nostre idil·li particular. Després del tercer whisky al Cafè Claca (un pub freqüentat per gent del món de l'espectacle), quan l'amiga que m'acompanyava ja se n'havia anat a casa seva a dormir, empipada perquè no li fèiem cas, i jo creia que no em salvava ni Déu de la meva primera experiència homosexual, em va dir:

—Si ets capaç d'aconseguir que et contracten d'economista al Gabinet d'Alcaldia, li proposaré al Ricard (l'alcalde) que te nomene director artístic del festival de teatre, música i dansa que vull organitzar a l'estiu. Res de puntes, tu-tús, Nureiev i *El lago de los cisnes*. Nosaltres programarem Pina Bausch, com fan a Avinyó. I de música: salsa i jazz de la millor qualitat.

Jo no sabia qui era, la Pina Bausch aquesta, però li vaig dir que sí, que això era el que s'havia de programar i no les cursileries del Principal. També li vaig dir que la salsa i el jazz eren les meves músiques preferides (no era cap mentida, sobretot el jazz) i que, ras i curt, em faria molta il·lusió treballar a l'Ajuntament de València i encapçalar el seu projecte. En contra dels meus temors, no em va demanar res a canvi, i la nit va concloure plàcidament, cadascú a casa seva, sense més parpellejos exagerats ni pensaments inconfessables. Ni jo mateix podia creure'm aquella casualitat, vaig pensar, però en menys de sis mesos, i gràcies a tot un seguit d'avinenteses (inclosa la de l'amiga que, contra la meva voluntat, em va arrossegar aquella nit al teatre), havia aconseguit entrar al Gabinet d'Alcaldia, com a economista expert en auditoria interna, i substituir els informes econòmics i les comissions tècniques d'adjudicació de serveis públics per la programació d'espectacles de teatre, dansa i música.

Durant una estona vaig recordar aquells anys de rauxa, quatre anys amunt i avall assistint a desenes d'espectacles sense pagar entrada, quatre anys de diversió garantida amb l'única nota discordant de la malaltia i el traspàs de la meva mare, quatre anys que culminaven sempre en un únic mes de feina intensiva i estimulant. Muntàvem escenaris pertot arreu: a la plaça del Patriarca, a la de Manises, a la de la Verge, als Jardins de Vivers, al Mercat d'Abastos, i l'aposta del meu amic per la barreja de les noves tendències escèniques, la dansa contemporània, la salsa i el jazz de qualitat ens anava convertint en un punt de referència cultural a la ciutat que feia feliç a tothom. Bé, a tothom menys a quatre artistes locals ofesos, un parell de periodistes malintencionats dels quals més valia no parlar i el mateix director del Teatre Principal (que ens mirava amb recel mentre continuava fotografiant-se al costat de Nureiev, Maia Plisétskaia i les dames més empolainades de l'«alta societat valenciana»). El que sí que ens va saber greu, sobretot al meu amic, que des del primer dia havia pensat en ella com a *leitmotiv* del festival, va ser no poder contractar mai la Pina Bausch, tot i els esforços que cada any hi esmerçàvem (potser l'any vinent, ens deien sempre els seus mànagers, quan gaudíssim de més pressupost).

De sobte, com si rememorar aquell petit fracàs artístic i pressupostari em fes tocar de nou de peus a terra, vaig adonar-me que l'any d'aquella darrera carta i de la mort del meu pare, jo ja en feia més de cinc que no vivia a València i, per una vegada a la vida, havia pres una decisió encertada. El Festival de Juliol, després de la victòria del Partido Popular (PP) a les següents eleccions municipals, s'havia convertit en un concurs de paelles al llit del Túria; els pressupostos culturals es dedicaven a pagar comissions a intermediaris corruptes i el meu amic, exresponsable en cap del Servei d'Informació i Premsa de l'Ajuntament, s'arrossegava per redaccions de diaris locals i aules universitàries amb més pena que glòria. Sense haver abandonat el sector de la cultura, jo tornava a fer números, que és el que al meu pare li feia el pes, i vivia en un pis rehabilitat de més de cent metres quadrats a Barcelona. Però, com que no tot podien ser flors i violes, vaig pensar, la meva segona relació matrimonial s'ensorrava sense remei. Precisament vaig fer el viatge a Mèxic, amb en Fabregó, per alleugerir la tensió entre nosaltres (una ironia tràgica del destí). La Irene, pobrissona, estava a punt de complir els dos anyets.

CAPÍTOL TERCER

V

PREÀMBUL

Vaig guardar la carpeta de les cartes en un altre calaix de la taula d'escriptori, a sota també de velles carpetes d'apunts de la Facultat, i em vaig assegurar que tancava tots els calaixos amb clau. Com si hagués estat esperant l'ocasió propícia, amagada darrere una finestra de l'edifici de l'altra banda del carrer dels Àngels (l'Institut Milà i Fontanals), la Glòria va trucar per telèfon. No ho va fer abans ni més tard, sinó just quan jo em guardava la clau dels calaixos a la butxaca (tot un detall per la seva banda, vaig riure serrant les dents sense imaginar quina una m'esperava). Després de preguntar-me com estava la Irene (com havia d'estar, adormida, li vaig respondre), em va dir que s'havia hagut de quedar a la feina per acabar un informe de campanya publicitària i que ara anaven a prendre alguna cosa.

En aquell moment la seva resposta no em va fer ni fred ni calor. Estava tan alterat per la lectura de les cartes que, mentre desembolicava les estatuetes del meu pare per col·locar-les en els prestatges de la sala, a penes podia concentrar-me en una altra cosa que en tota l'allau de records i pensaments que m'acuitaven sense treva. No tenia cap motiu per pensar que la nit acabaria d'una manera molt diferent; em sentia excitat, amb ganes de més emocions fortes. Fins i tot vaig estar a punt de projectar les pel·lícules i treure'n definitivament l'entrellat, però em va semblar millor deixar-ho per a l'endemà, ja que havia de fer massa preparatius. Quasi sense adonar-me'n, van tocar dos quarts de quatre. De sobte, l'alleujament que havia sentit fins llavors, per l'absència de la Glòria, es va convertir en tot el contrari. Ja hauria d'haver tornat a casa, vaig pensar, mai no tardava tant. Una sensació d'angoixa em va oprimir el diafragma sense deixar-me respirar bé. Mirava el telèfon neguitosament, com si no pogués allunyar-me'n, i sentia el seu ring esclatar-me dins el cervell. A mesura que els minuts passaven, amb una lentitud que tan sols la contemplació de les busques del rellotge posava de manifest, el tic-tac de l'espera es feia cada cop més insofrible.

«Tothom suporta bé les seves pròpies infidelitats, però molt malament les de la seva cònjuge, encara que ja no senti res per ella i la relació sigui un desastre». Aquesta va ser la reflexió més important de la nit, després de fumar un paquet sencer de tabac ros de la Glòria (un fet poc freqüent en mi, acostumat als purets i a algun cigarret negre de tant en tant) i de beure'm mitja ampolla de whisky. Certament, havia estat jugant amb foc i ara em pagaven amb la mateixa moneda. No se m'acudia una altra justificació, com no fos que ella hagués tingut un accident o alguna cosa per l'estil. Res més lluny, però. La seva excusa va ser fins i tot insultant. Va arribar a les vuit del matí, feta un espantall. Amb els ulls oberts com unes taronges, va dir-me que s'havia quedat adormida al sofà de l'agència publicitària. No m'ho vaig creure, és clar, però no tenia ganes de fer-li preguntes. D'altra banda, em sentia més rabiós que no pas víctima d'un atac sobtat de gelosia.

Quan se'n va anar a acompanyar la Irene a la guarderia, em va venir de cop tot el cansament, i també el mal de cap de la ressaca. Tanmateix, no em vaig ficar al llit, ni tan sols per jeure una mica. De cap de les maneres volia coincidir amb ella a la tornada. Ja tindríem temps per a les discussions violentes i les amenaces de divorci. Aquell era el darrer dia de les meves vacances i encara havia de fer un munt de coses (com, per exemple, projectar finalment les pel·lícules del meu pare, ja que estava segur que descobriria més sorpreses). Em vaig dutxar en un no res, vaig prendre un cafè ben carregat i dues aspirines (per tallar el mal de cap de soca-rel), i, mentre disseccionava el quadre de la tieta Remei de l'Hacienda Natividad, tractant de reemmarcar correctament els meus pensaments de la tarda anterior, em van venir ganes d'anar-la a veure, a Pineda, a pesar del tràfec turístic que de ben segur trobaria pel camí.

La carretera general anava atapeïda, com era d'esperar, però tan sols es formaven petites cues a les entrades dels nuclis urbans. Un cop a Pineda, vaig tenir sort d'aparcar de seguida, gràcies a una furgoneta carregada de nens que em va deixar lloc tot just quan jo hi passava pel davant (la darrera vegada m'havia costat més de deu voltes a l'illa). La tieta Remei em va obrir la porta vestida amb una brusa empastifada de pintura i un munt de pinzells bruts en una mà (tot el pis, fins el rebedor, feia aquella flaire d'aiguarràs tan característica de casa seva). Estava donant els últims retocs a un paisatge pirinenc i se sentia amb energies renovades. La mort recent del seu germà (el papà) s'afegia a les del seu fill i el seu marit, i això l'havia endurida fins al punt de crear-se un món paral·lel d'imatges paisatgístiques i records barrejats, que era com una cuirassa contra la depressió (les fotos les amagava dins els àlbums, llevat d'una del Joan-Carles en banyador, a Fernando Poo, que sempre tenia a la vista mentre pintava). A banda de l'edat i les desgràcies, la tieta gaudia d'una lucidesa que feia versemblant tot el que explicava, encara que s'ho estigués inventant.

Parlàvem de Guinea, de com era la vida allà, de l'enyorança que ella sentia per aquell paradís tropical, de les relacions entre els blancs i els negres, d'algunes relacions particulars entre homes blancs i dones negres, i, sense que jo li fes cap pregunta, em va deixar anar:

—Fins i tot el teu pare en tenia una, de negra amistançada. Es deia Milagros. Al principi no s'atrevia a dir-m'ho, però després em vaig convertir en la seva principal confident.

A la tieta li brillaven els ulls. Em mirava com tractant de recuperar el seu germà a través meu. Jo l'escoltava sense perdre'n detall, com si no en sabés res.

—La Rosita, ta mare, era molt ingènua. Una gran persona, això sí, però massa bleda en certes qüestions. T'explicaré una cosa que tens dret a saber: ella estava molt enamorada d'en Manel Argensó, des del dia que el va conèixer en una festa al Casino de Santa Isabel. Llavors vivia a Guinea amb el teu pare. En quedar-se embarassada de tu, va decidir tornar a Barcelona. D'alguna manera la preocupació obsessiva per la teva salut en aquell clima tropical, que no li agradava gens ni mica, va fer la resta. I es va resignar a veure'l només als estius, a Tona, al costat de la seva dona i els seus fills. El teu pare ho sabia, perquè no era pas un ximple, però ja li anava bé. Tu ja m'entens... Ella era incapaç d'enganyar-lo físicament, que és l'únic que us preocupa els homes. Això no entrava en la seva lògica. La mort d'en Manel Argensó la va deixar sense somnis.

La revelació de la tieta em va deixar bocabadat, gairebé incòmode, com si el respecte per la meva mare s'ensorrés de cop i volta. De seguida, però, vaig adonar-me que no era una qüestió de respecte maternofilial, sinó que per primera vegada pensava en ella com a dona i no com a mare. I vaig entendre la raó d'aquells plors seus desconsolats quan va rebre la notícia de l'accident i la mort d'en Manel Argensó (juntament amb la seva dona i dos dels seus fills).

—Al teu pare mai vaig dir-li el que havia de fer. Estic segura que si li hagués reprotxat les relacions il·lícites que mantenia en el més estricte dels secrets encara hauria estat pitjor. Al teu pare no li agradava gens que li diguessin el que havia de fer, era molt tossut. T'explicaré una altra història que segur que tampoc no saps: jo tenia una amiga pintora, la Pepita Blasco, de València. Al passadís del rebedor de casa vostra hi havia un quadre d'ella. Bé, n'hi havia més d'un, ara que hi penso. Per poder pintar a l'Àfrica, la Pepita treballava de comptable a la companyia Nogués i Tarrado i el seu marit hi feia d'encarregat de les plantacions de cacau.

Com el tiet Ramon. Vivien a l'Hacienda Natividad, una casa colonial de dos pisos que compartien amb el gerent de l'empresa, un enginyer agrònom de nom Tomàs Rimbau. Precisament és la casa del quadre que et vaig regalar quan et vas casar amb l'Elvira. ¿El tens encara a casa teva, oi, el quadre? Doncs bé, gràcies a la meva amistat amb ella vaig conèixer aquest senyor. I ell sí que al final va cometre la bestiesa d'abandonar la seva dona i anar-se'n a viure amb la seva amant negra. ¿Saps per què? Perquè tothom li deia que no es podia enamorar d'una negra, que era contranatural.

La seva visió de la història d'en Rimbau em va fer riure per dins, però no vaig badar boca, com si mai no n'hagués sentit parlar. De tant en tant, arquejava les celles i feia petits moviments afirmatius amb el cap, com si li donés la raó.

—Si vols que et digui la veritat, Lluís, jo tampoc no sóc qui per jutjar les persones. Vull dir que si el teu pare era feliç amb aquella dona, ¿per quina raó no podia tenir-hi relacions? I més si la teva mare preferia estar-se a Barcelona per tenir cura de vosaltres. La desgràcia és que tot es va acabar inesperadament. Desgràcia, o no desgràcia, vés a saber, perquè si allò hagués continuat més temps no sé el que hauria passat. Potser en Rimbau va ser el més honest de tots. Ell no va trair el seu amor. La sort era que els homes podien decidir i les dones no. Les dones no podíem enganyar els nostres marits, i menys amb un negre, tot i que l'Adela Martínez de Izquierdo sí que ho va fer. En el seu cas, però, he de dir que em va saber greu pel seu marit, en Rafel, que era una persona excel·lent. El racisme sempre ha estat un privilegi dels homes. Un home amb una negra era ben vist, però una blanca amb un negre era una aberració.

»Ara és molt fàcil fer judicis; que si la dona d'en Rimbau això..., que si la seva família allò altre..., però les dones negres abandonades també patien molt. Pensa que quan deixaven d'estar mantingudes per un home blanc no tenien més remei que dedicar-se a la prostitució. I amb això no vull dir que en Rimbau fes bé, no m'interpretis malament. El problema començava quan l'home blanc que tenia una *mininga* era un espòs respectable i, a més a més, pare de família.

La tieta parlava en general, sense fer cap referència a la seva situació personal amb el tiet, però m'adonava que aquelles paraules contenien un cert ressentiment i amargura. Jo, per respecte a ella i a la memòria del tiet, vaig continuar amb la meva posa d'alumne llest, sense badar boca.

L'olor de pintura del pis em produïa una sensació agradable, igual que la que recordava de les dues vegades anteriors. De les parets penjaven quadres de paisatges africans que vaig reconèixer de seguida, molt semblants a aquells altres de casa, de tota la vida, que la meva germana havia decidit repartir sense consultar-me prèviament. I els prestatges eren plens d'estatuetes d'ivori i banús, idèntiques a les nostres. El decorat era el mateix que el del pis de la ronda del Guinardó, vaig pensar, però ara en un pis del Maresme amb vistes a la via del tren i a la platja. Em vaig fixar en el quadre que penjava damunt el sofà. Era una posta de sol idíl·lica que s'assemblava molt a la del rebedor de casa. Els rajos ataronjats del sol es filtraven a través de les palmeres, algunes inclinades arran de l'arena com si busquessin el sol o volguessin acaronar el mar, i les crestes blanques de les ones es convertien en daurades a mesura que s'allunyaven de l'angle de visió i s'apropaven al sol abrusador. La firma, a la part inferior del quadre i a la dreta, es llegia prou bé: Pepita Blasco.

En aquell moment vaig interrompre la tieta, per dir-li que el quadre que tenia tot just al damunt del seu cap m'agradava molt. Ella es va girar, com si no sabés de quin quadre es tractava, i es va exclamar.

—És un de la Pepita Blasco! Bonic, ¿oi? Ningú no pintava les postes de sol i el mar com ella. Ella va ser la meva mestra: em va ensenyar a barrejar els colors, a plantejar els quadres, a donar-hi profunditat. Però el mar no el vaig aprendre. ¿Saps que encara no m'atreveixo ni a pintar-lo des d'aquí, des de la terrassa?

No em vaig quedar a dinar amb la tieta, ni vaig fer-li esment de les cartes del papà. Tenia la sensació que ja m'ho havia dit tot i no volia molestar-la més amb preguntes impertinents. Vaig demanar-li un cafè i li vaig prometre que aniria a veure-la més sovint. Ara, però, només volia arribar a casa per comprovar si, tal com m'imaginava, hi havia gat amagat en aquelles pel·lícules en vuit i supervuit mil·límetres que completaven l'herència del meu pare.

La tornada a Barcelona va ser tranquil·la, sense retencions ni cues exagerades. Això sí, en lloc d'entretenir-me amb tot el que la tieta m'havia explicat dels desvaris de la mamà (que Déu n'hi do), o de fer càbales sobre amb qui em posava les banyes la Glòria, vaig passar l'estona de conducció reflexionant sobre els conflictes bèl·lics i les catàstrofes ecològiques que alteraven la nostra placidesa petitburgesa (un efecte retardat de la darrera carta del meu pare, sens dubte). Tot i que jo creia en el determinisme econòmic com a rerefons de qualsevol conflicte ètnic, religiós o polític, de vegades l'odi i la brutalitat humanes me'n feien dubtar, almenys en aparença. Ben entrada ja la dècada dels noranta del segle xx, quan el capitalisme monopolista i financer es globalitzava cada cop més (i la revolució socialista mundial s'albirava cada cop menys), hi havia matances a Somàlia, massacres a Ruanda i a Burundi, neteges ètniques a Bòsnia i Hercegovina, exterminis a les antigues repúbliques soviètiques del Caucas, bombardejos sobre civils a l'Iraq, crims de guerra a Palestina i al sud del Líban..., rèpliques desesperades i agòniques dels qui havien de lluitar contra maquinàries immenses del terror en inferioritat de condicions.

D'altra banda, la creu del progrés tecnològic era un reguitzell de despropòsits i catàstrofes irreparables: l'explosió de la central de Txernòbil i el núvol radioactiu a la deriva, la destrucció progressiva de la capa d'ozó, els gasos d'efecte hivernacle que escalfaven el planeta, l'ús intensiu de les primeres matèries i dels recursos naturals escassos, l'acumulació d'escombraries i l'abocament de residus industrials, la contaminació de l'aire i dels rius, els incendis forestals, la desertització, les fams canines, les inundacions, l'explotació massiva dels fons marins, l'adulteració dels aliments, els virus de laboratori, la indústria d'armament, les armes nuclears... El món fotria un pet com un aglà, vaig pensar (molt i molt abans que el Sol es convertís en una gegant vermella, com profetitzava el meu cosí Joan-Carles), a pesar de l'ONU, l'exèrcit imperial dels Estats Units i els economistes de l'Escola de Chicago. Calia que m'afanyés a fer alguna cosa a la vida, encara que només fos revenjar-me de la Glòria.

Per esvair la mala consciència de no formar part de cap partit ecologista ni associació per la pau i la defensa dels drets humans, vaig dinar a L'Hortet, el restaurant vegetarià de davant de casa. A més a més, d'allí estant podia controlar els moviments de la Glòria (acostumava a anar-se'n a la feina cap a dos quarts de quatre). Pensava en el que faria tot seguit de veure-la sortir: deixaria que passessin un parell de minuts (per assegurar-me que no tornava enrere), travessaria el carrer, obriria el portal, pujaria les escales, obriria la porta de casa, sentiria els crits de joia de la Irene, li faria un petonet, o més d'un, jugaria amb ella cinc minuts i li diria a la cangur que la portés a la platja de la Vila Olímpica, que jo havia de fer una ullada a unes pel·lícules antigues en un projector antic i que per aquesta raó em calia tancar totes les finestres i que ningú no em molestés.

Quan l'hi vaig dir, fil per randa, la cangur em va mirar com si jo fos una persona molt estranya, ja que de sobte no va entendre aquella preferència meva per les finestres tancades, però em va fer cas sense dir ni piu. Va posar-li el banyador a la nena, un vestidet al damunt, les sandalietes, va agafar la bossa de les tovalloles, la de les joguines per jugar a la sorra i llestos. Abans de sortir per la porta, em va preguntar:

—¿La Glòria ja ho sap, que ens n'anem a la platja?

Li vaig respondre que sí, que m'ho havia dit a mi a l'escala, i que no es preocupés. Ah!, i que no tornessin a casa fins al vespre, perquè tardaria una bona estona a projectar totes les pel·lícules, «les pel·lícules dels anys de la meva vida», vaig afegir en veu baixa.

En sentir que es tancava la porta del carrer, vaig començar els preparatius (triar el blanc de paret, traslladar la tauleta petita de la cuina, ajustar encara més els finestrals i els finestrons, moure la butaca de lloc). En una mena de vitrina armariet, sota la primera màquina de fotografiar Polaroid que va sortir al mercat (la Land Camera Model J66) i les filmadores (una vella Brownie BMM Movie Camera, de Kodak, i la Canon 310XL), guardava el penúltim regal del meu pare: un projector Sankyo Dualux-1000 (era evident que aquell regal me l'havia fet amb tota la intenció del món). Només calia treure'l del prestatge, posar-lo al damunt de la tauleta de suport, destapar-lo, endollar el cable per les dues bandes, col·locar la primera pel·lícula i la bobina buida, encendre l'aparell (el llum de projecció funcionava, formidable!), seguir les instruccions dibuixades a la part interior de la tapa per tal que les dents del pojector passessin pels foradets del cel·luloide, enfocar a la paret, engegar els ventiladors del sostre, tancar el llum de la sala, girar la palanca i asseure'm a la butaca.

VI

ELS ANYS DE LA MEVA VIDA

Santa Isabel (Fernando Poo) - Tona i Viella, 1959-1962.
    Imatges una mica descolorides d'una plantació. Arbres de cacau, amb els fruits de color taronja penjant. Panotxes carbasses per terra i un bracer esbotzant-les amb un cop sec i transversal de matxet. El meu pare vesteix una camisa blava, pantalons curts, botes i mitjons abaixats. Du els cabells amb fixador, bigotet i ulleres fosques. Es posa i es treu el salacot diverses vegades. Supervisa els grans de cacau amuntegats. Els bracers vesteixen teles de sac o samarretes estripades. No fan gaire bon aspecte. Un parell duen gorres estil Oliver Twist. Esbrossen arran dels arbres. Un tercer fica els grans del cacau en sacs de jute per portar-los al pati de la finca. L'escena següent mostra el tiet Ramon ajudant un bracer a embolicar les bananes en una tela de plàstic. Vesteix completament de blanc, amb pantalons llargs i salacot. Està molt prim. Tot seguit se'l veu conduint un Hillman de color crema. Aparca al costat dels assecadors de cacau i uns nens vestits amb túniques de haussa se li apropen. Les túniques són de color blaugrana, amb el dibuix en daurat d'un sol, una mitja lluna i una estrella que es van repetint alternativament (el papà me n'havia regalat una de molt semblant). El tiet fuma i s'allisa el bigoti. Fa broma amb els nens, però no aconsegueix que somriguin. En acabat, dóna instruccions a un grup de bracers que semblen distesos.
    La tieta Remei surt de dins l'espessor i camina per una zona enjardinada. Du un vestit llarg fins als turmells i una pamela. El Joan-Carles i el Josep-Antoni la segueixen. Es treuen els salacots, mouen els llavis com dient alguna cosa, i se'ls tornen a posar. Les ulleres del Josep-An-

toni són de moltes diòptries, les del Joan-Carles no tant. Al fons de la imatge, hi ha una casa colonial de dues plantes, un jardí amb palmeres i un caminet que condueix a un grup de cabanes arrenglerades. La càmera abandona la tieta Remei i els seus fills i va cap a les cabanes. A la porta d'una, una dona negra en primer pla, que du un mocador nuat al cap, inclina el tors cap endavant per escórrer una baieta en una galleda. Té els peus clavats a terra i els genolls al descobert. El cul, ferm, sobresurt. De cop i volta s'adona que la càmera la filma, aixeca el tors, referma els pits i somriu. Tall.

Les imatges són ara del centre de Santa Isabel. A la Plaza de España, es fa el relleu de la Guàrdia Colonial. Seguidament, la desfilada davant el Palau del Governador. La càmera se situa de biaix, d'esquena a la plaça i de cara a la Calle Sacramento. Les autoritats militars espanyoles van amb l'uniforme blanc de gala, esquitxat d'insígnies i medalles. El governador saluda les tropes. Té una panxa immensa, realçada per la faixa vermella del seu rang. Desfila la Guàrdia Colonial (o potser hauríem de dir-ne Territorial). Duen el *tarbus* (un barret vermell) amb una estrella de cinc puntes al front i una borla groga, com la dels requetés del segle XIX. Vesteixen guerrera blanca, corretjams, cordons, faixa vermella, pantalons curts, botes i mitjons fins als genolls. Obren el seguici popular cinc motoristes, dos a cada costat i un al mig. Al cap duen una mena de quepis similar al del Tercio de la Legión. EL POBLADO DE ZARAGOZA SALUDA A S. E. EL GENERALÍSIMO, es llegeix a la primera pancarta; i a la segona: EL PUEBLO DE REBOLA SALUDA A S. E. EL GOBERNADOR. Tot seguit, un grup de dones uniformades de verd, com si fossin de la neteja pública o infermeres, fa els honors a l'uníson. Darrere un rètol amb la paraula YAUNDES, i d'uns negres amb una camisa que sembla de la Falange, hi ha una dedicatòria difícil de llegir que acaba amb un ...VIVA ESPAÑA Y VIVA FRANCO. Al costat de la pancarta dels camerunesos, dos negres porten banderes d'Espanya. Al fons de la imatge, un estol d'homes i dones, vestits amb robes tribals de coloraines, s'apropa lentament. Tall.

La càmera mostra la façana del Palau del Governador, engalanada amb una gran bandera espanyola. Travessa el carrer contigu a la plaça, enfoca uns porxos i es recrea en el rètol amb lletres vermelles dels magatzems Pradesa. Tot seguit, agafa una perspectiva de la Calle Sacramento i d'alguns edificis colonials. En acabat, salta a una colla de negres que ballen fent una rotllana. Al bell mig, hi ha uns dansaires estrambòtics que duen uns barrets dels quals pengen mirallets, plomes d'ocells, fibres de colors i altres ornaments (sembla la festa autòctona del final de la desfilada). Comença a fer-se fosc i la llum es reflecteix als mirallets dels dansaires. Tot seguit, aprofitant els darrers rajos ataronjats del sol, tornen les vistes panoràmiques del Palau del Governador, de l'escut amb l'àliga imperial del frontis, de l'estàtua de l'almirall Barrera, de la catedral neogòtica, de la façana del Banco Exterior de España, d'una casa colonial de color verd i d'un xalet amb sostre de teules vermelloses, porxos i una terrasseta al primer pis. Recolzada a la barana, hi ha una dona negra que mira a l'objectiu sense fer cap expressió. Du un vestit llarg estampat, semblant al de la mamà.

Es fa una fosa de la terrasseta del xalet i apareix la terrassa de la Torre Maria, de Tona. La mamà està d'esquena a la barana i xerra animosament amb el senyor Argensó. Du el vestit estampat de colors cridaners que el papà li acaba de portar de Guinea (semblant al de la dona negra). De tant en tant, mira i somriu. El senyor Argensó també somriu, però sembla més interessat en el vestit de la mamà. Tot d'una, com si el papà els ho hagués dit abans de tallar l'escena, saluden amb una mà i fan ganyotes. Ara em toca a mi: duc els cabells rapats, com cada estiu, per anar més fresc, i em dedico a xutar una pilota contra la paret. La Cristina, ben galtuda ella (de petita menjava com una llima, no com jo), s'asseu a terra i juga amb una galleda i una pala. La pilota li va a la cara. Plora. La càmera mostra la galleda, la pala, la pilota, el terra de pedra, amb una mena de molsa que creix entre els solcs de les rajoles, els peus de la mamà, al damunt d'unes sabates de taló de suro i tira blava, les sabates de dos colors del senyor Argensó, ben a frec. Tall i vista panoràmica de l'arbre que puja des del jardí de la planta baixa fins a la nostra terrassa, de la muntanya grisa del fons, amb el castell al cim del turó, dels camps de blat i els pallers, de la carretera de Moià i Manresa, dels pollancres del costat de la pista de tennis, de la façana del Balneari Codina.

Final de la cinta.

Mentre els records de Tona es confonien amb les imatges que els provocaven, vaig imaginar-me que saltava d'una terrassa a l'altra, de la de Tona a la de Guinea (les dues amb la barana de teula), i jo era allí, dins l'ull de la càmera, al costat de la tieta Remei i dels meus cosins, amb un salacot que m'anava gros. Però no, jo no hi era, jo era un nen nyicris, amb un fetge mandrós i els bronquis molt sensibles a les al·lèrgies, que s'hauria mort de la primera picada de mosquit. No sabia què pensar, ara, d'això, i no sabia si els meus pensaments actuals podien ofendre la memòria de la mamà i de tots els qui es preocupaven per la meva salut, principalment la doctora Font, la puericultora de la família. El cert era que, amb tots els meus respectes, a mi m'hauria agradat viure en aquells paratges idíl·lics (no els de les desfilades militars, és clar, sinó els altres), i jugar per la selva en lloc de buscar residus higiènics i compreses tacades de sang pel camí de la Llegua i la «casa deshabitada».

En aquell any del 1962 van passar moltes coses, vaig pensar. Durant el curs havien continuat punxant-me, perquè el fetge no em funcionava prou bé i calia estimular-lo amb injeccions. La mamà no en parlava, de les causes, però jo estava segur que creia que eren una seqüela de la borratxera del dia del bateig de la meva germana.

—Això és pel teu bé, fill meu, perquè mengis i et facis gran —deia sempre. I després repetia la seva frase preferida, fent una cantarella que a mi em molestava—: A l'estiu inhalacions, per als bronquis, i a l'hivern injeccions, per al *pompis*.

Les agulles em feien pànic, com a tots els nens, però en el meu cas estava més que justificat, perquè em punxaven amb l'agulla més grossa de totes, i durant més estona que a cap altre nen. Només sentir aquella veu d'aiguardent (com la meva mare la definia), m'agafaven tots els mals, els que tenia i els que no tenia.

—Estigues quiet i relaxa els músculs, Lluïset, si no, encara serà pitjor.

Quan tornava de les Escoles Laietània, la dona ja hi era, somrient-me amb malícia. Duia els cabells tenyits de ros i uns ulls exageradament pintats de blau. La brusa, de color rosa pàl·lid, transparentava uns sostenidors blancs i punteguts. En una mà brandava la xeringa, ben plena d'un líquid marró, i en l'altra la immensa agulla afilada. Tenia encara gravat a la memòria el dolor de la punxada, i el del líquid penetrant els teixits musculars, i el del cotó fluix xop d'alcohol desinfectant la ferida. En acabat d'alçar-me els pantalons i preservar el meu culet de més agressions, em sentia un heroi. Llavors res no m'espantava. Fins i tot em quedava a la cuina a observar com la practicant netejava i recollia els estris i després els ficava en una caixeta de metall allargada i amb les vores circulars. La dona em feia un petó, deia que havia estat molt valent, i se n'anava cap a la porta de l'escala remenant els malucs. Era el moment més feliç del dia. Com a premi, em deixaven sortir a jugar al carrer. El Ricard m'esperava als gronxadors de la ronda. Si ens hi trobàvem el Víctor, la visita a la «casa deshabitada» pel camí de la Llegua era segura, però si l'Enric també hi venia, podien passar dues coses: o l'arrossegàvem contra la seva voluntat, o ens quedàvem als gronxadors de la ronda.

Aquell mateix estiu, després de Tona, vam anar a Viella, com era habitual, però amb el nostre cotxe i no el de la tia Mercedes. Això volia dir que el papà havia vingut de Guinea a passar un mes de l'estiu amb nosaltres. Fins i tot no em vaig marejar per aquells revolts del port de la Bonaigua que posaven l'ai al cor als adults. Tot era perfecte, em trobava millor de les vies respiratòries, menjava amb gana, la Cristina només plorava a estones i la mamà i el papà semblaven feliços d'estar junts. Aleshores, però, al quart o cinquè dia de gaudir d'aquella pau i felicitat inexplicables, vaig tenir l'accident més greu de la meva vida.

Cada tarda la família es reunia a l'Hotel Internacional. Mentre els adults s'asseien a la terrassa que donava a la rambla, els nens jugàvem a fet i amagar al jardí, fins que les nostres mares ens cridaven per sopar. Era un crit horrible, vaig pensar, com sortit de les entranyes de l'hotel. Aquest cop m'havia amagat al costat dels porcs, al final del jardí, més lluny que ningú. Des d'allí, veia la corraleta, l'arbre de parar, els porxos del cobert on aparcaven els cotxes, les finestres de les habitacions que donaven al jardí. Tothom ja era dins. Vaig anar corrents cap a la porta lateral de l'hotel. El passadís arribava fins al bar i el restaurant. Només enfilar-lo i a la dreta, hi havia una escala descendent que conduïa als lavabos. La barana de l'escala no tenia barrots. Esverat pels crits de la meva mare, no vaig adonar-me que a terra, tot just a un metre del forat de la barana, rodolava perillosament el xassís amb rodetes d'un cotxe de joguina desmuntat. Em van dir que vaig posar-hi el peu i, de la relliscada, el meu cos menut va caure pel forat de la barana, fins al fons de la fosca i humida escala (unes mil·lèsimes de segon abans de trepitjar l'artefacte, ja havia perdut la memòria). Afortunadament, segons l'oncle metge l'impacte amb el penúltim esglaó va ser un cop net, a la base de l'ull, que va fer sortir el globus ocular de l'òrbita sense rebentar-lo. Sentia un degoteig interior, molest, incòmode, com si alguna vena del cervell s'hagués trencat i la sang s'escolés cap a l'estómac. Era el rellotge entre la vida i la mort, vaig pensar, no el de la mamà ni el del papà, sinó el meu. Tanmateix, no vaig veure cap final de túnel blanc, ni cap resplendor de benestar, ni la meva curta vida projectant-se en un tres i no res.

Algú va sentir el soroll de la patacada i un crit estremidor va fer tremolar l'edifici (així és com m'imaginava aquells moments). Les tietes ploraven histèriques, la meva mare va desmaiar-se, els cosins llunyans no sabien on ficar-se. L'oncle metge va asseure's a l'escala i em va mirar des de diversos angles. De sobte es va girar i va dir: «Aneu-vos-en tots, no vull ningú, a l'escala». El meu pare no va fer-li cas i es va quedar al darrere, com si fos la seva ombra (segurament estava més mort que jo). L'oncle metge va auscultar-me per comprovar que encara respirava. Conscient que en aquell moment era l'únic capaç d'actuar, em va moure una mica el cap, va recollir l'ull de fora l'òrbita i, amb molta sang freda, el va tornar a posar dins. En acabat, va agafar-me a coll i em va portar a un llit de l'hotel. L'Hospital de Saint Goddens, a França, preparava una unitat d'intervenció immediata, per si havien d'operar-me d'urgència (¿com ho podien saber, però, si havien d'operar-me d'urgència?). «Mentre no es produeixi un vessament cerebral no cal portar-lo a l'hospital», van dir (¿com ho podien saber, però, si hi havia un vessament cerebral?). Reclòs en un món imaginari molt a prop de la desconnexió absoluta, sentia encara amb més força com la sang s'escolava de l'interior de l'ull a l'estómac. Alguna cosa es feia miques per dins. Era com una aixeta mal tancada, vaig pensar, sí, una aixeta que no parava de gotejar. Volia despertar-me..., no ho suportava més..., però encara havien de passar moltes hores perquè tornés en si. L'endemà al migdia, a la fi, em vaig despertar amb un ull de vellut immens. Ja no sentia el degoteig desagradable, però l'ull em feia molt de mal. Em deien que l'obrís, que obrir-lo era bo. Amb prou feines vaig aconseguir separar les pestanyes. La parpella era com una llosa. Feia un esforç titànic, plorava. Les llàgrimes eren bones, deien també. Vinga! Coratge! La imatge va anar apareixent, a poc a poc, seguida d'una sensació ingràvida. Era una imatge doble, desenfocada, borrosa. Primer vaig veure la cara de l'oncle metge, després la de la meva mare, la del meu pare, les de les tietes i els cosins llunyans, tots allí, esperant que tornés a la vida en una habitació de l'Hotel Internacional de Viella, l'única vegada que hi vaig dormir, massa car per a nosaltres.

Passat aquell accident que em podia haver costat la vida, ja no em van punxar més, ni em van obligar a fer les inhalacions, ni em van dir que no em portaven a l'Àfrica per por de les picades dels mosquits i de les malalties tropicals.

Santa Isabel (Fernando Poo) - Reus i Tarragona, 1964.
Primer pla una mica descolorit d'una casa colonial de dos pisos, amb porxos, doble teulada i golfes. El rètol, a sota de la finestra del pis afegit, es llegeix perfectament: HACIENDA NATIVIDAD. A la seqüència següent, el meu pare arriba en una camioneta de color blau marí. S'atura davant de la casa, mira a la càmera i somriu. Al seu costat hi ha una dona

negra de bon veure (devia ser la Milagros). La dona baixa de la camioneta, es treu les sabates de taló i se situa davant de la càmera. Somriu i el blanc de la dentadura encara realça més el somriure. Du un vestit llarg, estampat, amb una mena de davantal cenyit a la cintura i un mocador nuat al cap fent un llacet. Les sabates, que ara subjecta amb una mà, no són sabates de feinejar, sinó de diumenge. El meu pare també baixa de la camioneta i es queda una estona darrere seu. Vesteix camisa safari de color blanc, pantalons curts, mitjons abaixats i botes. Du els cabells fixats cap enrere, bigoti retallat i ulleres de sol. El salacot en una mà. Fuma i sembla nerviós, o incòmode. Tall.

L'escena posterior té lloc en una platja de sorra blanca, pedres volcàniques i palmeres inclinades. El meu pare va de caqui, amb les mateixes ulleres fosques, però ha canviat el salacot per un barret d'explorador d'ala ampla. Una mica més endarrerit, el seguici d'homes i dones blancs camina en direcció a la càmera. La tieta Remei du un vestit blau cel *midi* i una pamela. Parla amb una dona ampla de malucs enfundada en un banyador vermell. Davant d'elles dues, un parell de dones més joves i més primes caminen rítmicament. Duen banyadors arrapats al cos, d'aquests que per sota semblen una cotilla. Van acompanyades per dos homes, que parlen entre ells, i pel tiet Ramon, el Joan-Carles i el Josep-Antoni. Un dels homes va en banyador i l'altre en camisa i pantalons curts. El tiet i els meus cosins van en pantalons llargs. Tots tres porten salacot. El papà s'apropa a la càmera, es treu les ulleres, fa un gest seu característic arrufant el nas i somriu ensenyant les dents tacades de nicotina. La càmera mostra ara el seguici per darrere. El tiet Ramon, el Joan-Carles i el Josep-Antoni van per l'esquerra, al centre la dona del banyador vermell i a la dreta la tieta Remei. La resta van més endarrerits i no apareixen. Al fons es veu la platja. El cel és núvol, d'un color groguenc. Tall.

De la platja estant ens traslladem a un edifici amb porxos, àmfores pels racons, una torreta i el sostre de teulada. La façana és blanca, allargada i fa giragonses estranyes. Al davant de l'entrada, hi ha un jardí amb una palmera. Sembla el vestíbul del paradís selvàtic que s'insinua més enllà. Al bell mig, una dona mira en perspectiva un quadre subjectat per un cavallet. Té els cabells arrissats i du una pamela. Em fa l'efecte que és la dona del banyador vermell. Inesperadament, la tieta apareix per un extrem, s'hi apropa i li comenta alguna cosa sobre el quadre. Després es gira cap a la càmera i saluda amb la mà. Tall i vista panoràmica de la badia de Santa Isabel, del Casino, de l'Hotel Bahía al final de la roca, dels tres illots d'Henríquez, de punta Cristina des de punta Fernanda, de punta Fernanda des de punta Cristina, de la Cuesta de las Fiebres des de dalt, del port vell i el Club Náutico des de la Cuesta de las Fiebres, de les cúpules de la catedral, d'un avió enlairant-se pel damunt de l'aeroport de la badia de Venus i de punta Europa, d'una carretera envaïda per la vegetació, d'un edifici en construcció en un revolt d'algun lloc dels afores de Santa Isabel.

Es fa una fosa d'aquell edifici en construcció i apareix la casa on vivíem, al barri de Niloga, de Reus. És el primer bloc d'un conjunt d'habitatges suburbials de deu pisos d'alçada disposats paral·lelament. En total sis edificis idèntics, de color blanc i blau, que, de lluny, semblen de joguina, com peces de dòmino. I entremig de cada grup, com si en aquest cas les peces estiguessin en horitzontal, dos blocs de quatre pisos cadascun. Al centre de la urbanització, hi ha un parell de formigoneres, maons apilats, muntanyes de ciment i de terra i una zona a camp ras per jugar a futbol. Corrent darrere la pilota, veig uns quants xiquets de la meva edat, entre ells els qui seran els meus futurs companys d'aventures: el Duch, el Moro, el David, el Mordock i el Pingüi. Assegudes damunt uns maons, la Secall i la seva germana llegeixen una fotonovel·la. La Secall a penes es veu (el mot de Secall l'hi havia tret el Duch perquè deia que era molt prima). Alienes als xiscles dels xiquets i al gol que el Duch acaba de fer, no s'adonen que la pilota va directa cap a elles. Tall i imatge de la porta d'entrada del xalet de la tia Mercedes, a Tarragona. La càmera travessa la reixa del carrer, entra al jardí, passa pel costat de la piscina, rodeja la casa, enfoca la tia Mercedes parlant amb la seva germana, és a dir, la meva mare, va darrere de l'oncle Sisquet, que rega la gespa i no se n'adona, gira cua i s'atura davant del nostre Vauxhall Velox, aparcat a la porta del garatge.

Final de la cinta.

Al xalet de la tia Mercedes, hi arribàvem entre dos quarts de cinc i les cinc de la tarda del diumenge. Pel camí, tothom es fixava en el nostre Vauxhall i en la matrícula: «FP 3769». Aquell cotxe i aquella matrícula eren les úniques coses que aleshores em feien sentir orgullós del meu pare, sobretot quan la gent ens preguntava d'on coi eren unes sigles tan estranyes: «De Fernando Poo, Guinea Espanyola», deia jo traient el cap per la finestreta i cridant com un energumen perquè tothom em sentís.

El meu pare sempre havia estat convençut d'aquell cotxe, gairebé tan dur i segur com un Volvo. Deia que en Rafel Izquierdo en tenia un d'igual, perquè l'hi havia recomanat en Ramon Sangenís, segons ell l'importador de la major part dels vehicles estrangers que hi havia a Fernando Poo. A més a més, en Sangenís era el propietari del taller de reparacions més gran de Santa Isabel, i tractant-se d'automòbils, sabia del que parlava. Per això no vaig entendre que de cop i volta el meu pare canviés d'opinió i volgués desfer-se del Vauxhall. Quan, coincidint amb el darrer viatge a Guinea, va aprofitar per embarcar-lo i vendre'l allí a un taxista, vaig sentir com si m'amputessin algun membre. Ara deia que el cotxe ja era molt vell i atrotinat, que a Reus o a Tarragona no en trauríem ni cinc, perquè les peces de recanvi eren sempre un problema, i que volia comprar un Seat 1500 de segona mà que li havien ofert a bon preu. I ho va fer, sí senyor, a pesar dels meus plors. Amb el nou cotxe de segona mà anàvem més de pressa, sens dubte, però a mi em semblava vulgar que m'identifiquessin amb la mateixa «T» de Tarragona de tothom. Era com si hagués perdut els meus senyals d'identitat, vaig pensar, allò que em diferenciava de la resta dels mortals.

Un cop al xalet, quan el meu pare aparcava davant del garatge, perquè l'interior estava reservat als cotxes dels «senyors de la casa», i ens deia que baixéssim i tanquéssim la porta amb suavitat, començava el meu turment. Tanmateix, els diumenges en què el Gimnástico de Tarragona (el Nàstic) jugava a casa em deixaven anar a veure el partit. Aquesta circumstància insignificant ho canviava tot. Durant un parell d'hores, em sentia lliure d'anar per la graderia de ciment d'un camp de futbol de Tercera Divisió i asseure'm on em vingués de gust, lliure per decidir si anava amb l'equip de casa o amb el visitant. El xalet era a dos-cents metres del camp de futbol, i per això m'hi deixaven anar. Només havia de baixar per un tram sense asfaltar de l'avinguda de Catalunya, passar per davant de la caserna d'infanteria (que segons la tia Mercedes ens protegia a tots), travessar el carrer que creuava, i ja hi era. Encara que pogués semblar una casualitat, per a mi era normal aquella proximitat dels camps de futbol de Tercera Divisió; sempre havia viscut o vivia a prop d'un, vaig pensar. Primer el de l'Europa, a la cruïlla dels carrers de Sardenya, Camèlies i ronda del Guinardó, després el del Reus, a tocar del barri de Niloga, i, de tant en tant, el del Nàstic, al mateix carrer del xalet de la tia Mercedes. Tanmateix, i mentre sentia al cul el dur ciment de la graderia de qualsevol d'aquells camps, jo parava l'orella al transistor per seguir el resultat del que era el meu equip de l'ànima (i el del meu pare, amb això ja estava tot dit): el Real Club Deportivo Español de Barcelona. Llavors ni m'imaginava que de gran, i vivint a València, no gaire lluny de l'estadi de Mestalla, travessaria imaginàriament l'avinguda de la Diagonal i canviaria de bàndol (més per raons d'identitat que d'una altra mena).

Sense saber-ho, al barri de Niloga tots els xiquets en parlaven, del meu cotxe. Quan a la fi vaig baixar al carrer per jugar amb ells (pensaven que era jo qui no volia barrejar-m'hi), em van confessar que feien cua per pujar-hi a fer un tomb. El Duch era el primer, no cal dir-ho. Per això era el més gran de tots i jugava al futbol més bé que ningú. A més a més, amb les xicotes era precoç. De la Secall, se'n reia, però era una estratègia per lligar amb la seva germana, que era més grasseta i tenia un parell de bones mamelles. Ell afirmava que li havia fotut mà més d'una vegada, amb el seu consentiment, i que fins i tot ella li baixava la bragueta i li feia una palla. Jo, d'això, amb deu anys, encara no en sabia res ni m'interessava.

El Moro era el més tímid, però quan veia un camió amb tot de fotos de dones mig despullades enganxades per les finestretes, s'hi quedava una estona mirant-les embadalit. Encara no sé per què li dèiem Moro, vaig pensar, perquè n'era ben diferent. Tenia els cabells daurats, el cos prim i escanyolit, caminava amb les puntes dels peus cap endins i corria com un llamp. També jugava prou bé al futbol, fins i tot amb el cap, però no li agradava gaire. Per contra, el David, el Mordock i el Pingüi eren un desastre absolut. El David no la tocava i, del cop de peu al no-res, la sabata sortia volant pels aires (o a la cara d'algú). Se'n cansava de seguida, d'anar recollint la sabata pertot arreu, i aleshores es posava de porter o se n'anava a casa a fer els deures (volia ser metge, com el seu pare, però suspenia més del compte). El Mordock feia unes entrades fora de temps esgarrifoses. I si el cridàvem pel renom, extret d'aquell ratolí magre d'una sèrie de dibuixos animats de l'època (res a veure amb ell, que era el més gras del barri), deixava la pilota i corria cap a qui havia gosat dir-l'hi per fotre-li una clatellada segura (amb aquests antecedents a ningú podia estranyar-li que acabés d'*hermano* al col·legi La Salle). I el Pingüi, pobríssó, de tan petit que era es ficava sempre pel mig i en sortia malparat. Al meu pare li feia molta gràcia, el Pingüi, perquè no aixecava un pam de terra i era l'evidència perfecta que jo creixia i ell no.

—No ha crescut gens des que vam venir a viure a Reus —va dir-me una vegada—. I és de la teva edat. ¿Te n'adones, carallot? Tu no ets tan baixet com creus.

Quan l'any 1984, o 1985, amb motiu de la remodelació del vell Teatre Fortuny, em vaig desplaçar de València a Reus per assistir a una representació teatral, vaig veure el Pingüi que arribava al bar de la Llotja en companyia d'una rossa que feia caure de cul. El paio em treia un pam d'alçada i era de complexió més aviat robusta. Sortosament, no em va reconèixer, i jo tampoc no m'hi vaig apropar per saludar-lo.

D'aquells companys meus del barri de Niloga, no havia tornat a saber-ne res. Només amb el Duch vaig tenir un cert contacte durant els anys següents al nostre trasllat a Barcelona, perquè jo m'escapava a Reus cada cap de setmana per jugar a futbol (vam coincidir una temporada al Reus Deportivo, però en categories diferents) i ell, de tant en tant, em demanava la clau del pis per passar-hi una estona amb la novieta de torn. Pel que m'explicava, cadascú havia tirat per la seva banda, i alguns, fins i tot, se n'havien anat (com jo). El Mordock estudiava per a *hermano* de La Salle i ja no vivia amb els seus pares, i el Moro, el David i el Pingüi no tenien cap interès pel futbol ni per compartir les seves afeccions entre ells. Qualsevol pretext era bo per no veure'ns, vaig pensar, o per anar a uns altres barris més cèntrics amb amics del col·legi o de l'institut. Això ja ho havia experimentat durant els darrers anys. El barri deixava de ser el nostre espai d'aventura, al mateix temps que, gairebé sense adonar-nos-en, ens convertíem en adolescents. I ara, quan ja estàvem a punt de transitar de l'adolescència a l'estadi d'adults, el vèiem tan sols com un conjunt d'edificis lletjos i repintats amb una plaça dura al mig per on algunes mares passejaven nens petits. Com la germana de la Secall, per exemple, que n'arrossegava un de cada mà, i la Secall, a qui la panxa de futura mamà li feia més embalum que ella mateixa. El Duch afirmava que ell no n'era el pare, però preferia fer la volta sencera en lloc de passar-hi per davant.

San Carlos (Fernando Poo) - Reus, 1966.
Seqüència documental d'una plantació de cacau. Són imatges una mica enfosquides d'arbres de cacau amb les panotxes de color taronja penjant (senyal que era època de recollir-ne el fruit). Només falta la veu que vagi explicant les diverses fases de la recol·lecció del cacau. En l'escena següent, la càmera mostra una camioneta que circula per un camí principal. La camioneta s'atura una mica més endavant, en una mena d'esplanada, i la càmera va darrere seu, per un camí paral·lel dins la plantació. Per la finestreta del darrere, enfoca el clatell de l'home que va al volant. L'home gira una mica el cap i la càmera l'agafa de perfil.

Du els cabells pentinats cap enrere, amb entrades pronunciades, bigoti com el del meu pare i ulleres de cul de got (em recordaven les del Josep-Antoni). D'improvís, la càmera es mou per enregistrar la carrera d'una dona negra que no se sap d'on ha sortit. Els pits li belluguen sota un jersei ample i tracta de subjectar-se'ls amb un farcell que du a la mà. La dona puja ràpidament a la camioneta, s'asseu al costat de l'home i li fa un petó. Sense moure's de lloc, la càmera no perd detall. Quan la camioneta hi passa per davant, l'home que condueix gira el cap a l'esquerra, encara fent manyagueries, i s'adona que algú l'observa. El somriure es desfà en un no res. Atura el motor i mira a l'objectiu. Darrere els vidres gruixuts dels seus ulls, l'expressió és buida, inexistent, com si volgués amagar-la. Mentrestant, la dona que va asseguda al seu costat es tapa la cara amb les mans. La imatge es talla en el precís moment que l'home de la camioneta sembla reconèixer l'home que filma i li fa gestos perquè desconnecti la càmera.

Les escenes següents tornen a ser de la plantació que el meu pare havia anat a visitar per encàrrec del senyor Giralt: detalls d'arbres de cacau, de panotxes ataronjades penjant dels troncs, de bracers seccionant les panotxes i seleccionant-ne els fruits, dels grans de cacau en unes cistelles de fusta, d'un sac de jute que es va omplint dels grans de cacau que hi ha en una cistella, d'uns assecadors esperant el seu torn, de palmeres, bananers i altres arbres frondosos de grans dimensions (encara que fossin imatges d'una altra finca i d'una altra plantació, semblaven imatges de la mateixa finca i de la mateixa plantació). Tall i vista panoràmica des de punta Fernanda. L'objectiu recorre el cràter de la badia, el port vell, el Club Náutico, un vaixell i una fragata ancorats, la Cuesta de las Fiebres tapada per la vegetació, una línia de palmeres altes que sembla que connectin el centre de la ciutat amb punta Cristina, el Casino de lluny, el moll nou, l'hotel Bahía al final de la roca, els illots d'Henríquez. Durant tota la seqüència, es veuen, a sota de l'enquadrament, les buguenvíl·lies de punta Fernanda. La darrera escena africana canvia d'escenari i dura cinc segons: hi ha un munt de nens negres jugant a pilota davant la façana d'un col·legi. La majoria van descalços. La càmera enfoca el rètol de la façana: CENTRO JUVENIL SALESIANO DON BOSCO. SAN FERNANDO. SANTA ISABEL DE FERNANDO POO.

Es fa una fosa i apareix la imatge de la façana del col·legi salesià de

Reus. No n'hi ha cap, de rètol identificatiu, a la nostra façana. La càmera enfoca el camp de futbol, les porteries, els jugadors que corren darrere de la pilota. Anem equipats amb unes samarretes molt amples, de botons, i calcem vambes o botes (les meves eren Matollo, amb la tira blanca fins a la punta). La càmera fa un salt i m'enfoca a mi, amb la pilota enganxada al peu. Driblo una vegada, dues i a la tercera la perdo. El contrari que me l'ha pres va cap a barraca, directe, xuta i marca per tot l'escaire. Els companys m'escridassen. La càmera em fa un seguiment especial, com si jo fos l'únic jugador sobre el terreny. Em passen la pilota, faig un altre parell de driblatges, n'intento un tercer, i la torno a perdre. Els companys ja no saben què dir-me. Acoten el cap i assumeixen la derrota, com jo. Es treu la pilota del centre i final del partit. La càmera va darrere meu, però no estic per romanços. Fent escarafalls li dic al meu pare que no em filmi més, que no vull que em filmi més (no m'agradava gens ni mica que em vingués a veure a jugar a futbol, em posava nerviós i no n'encertava ni una). Tall.

Ara sortim a la imatge amb la bata de ratlles. Som alguns dels qui hem jugat el partit i d'altres que el seguien des de la banda. Al nostre costat hi ha el pare Xino (li dèiem així perquè tenia els ulls una mica ametllats). Mirem a la càmera sostingudament, com si estiguéssim hipnotitzats. Uns fan un somriure tímid, uns altres no expressen absolutament res i jo faig cara de satisfacció (la ràbia pel partit ja m'havia passat i ara em sentia orgullós que el meu pare tingués una càmera de filmar Brownie Kodak). El pare Grau, amb la seva inseparable campana d'escapçar cranis a la mà, apareix per darrere i es queda també mirant a la càmera, com si fos cosa del diable.

Final de la cinta.

Mentre la meva memòria anava associant la major part d'aquelles cares al record que en guardava, vaig fer anar la cinta cap enrere i em vaig fixar en els companys que tenia al costat. A la meva dreta, el Bru Serra, a l'esquerra el Solé Ferrater. No recordava aquelles imatges, ni per quina raó sortíem junts al pati del col·legi (devia ser la festa de Don Bosco o Santo Domingo Savio), però el fet em va fer pensar. Tant el Solé Ferrater com el Bru Serra s'havien suïcidat i jo era al mig de tots dos, més content que un gínjol. ¿Era una predestinació? ¿Volia dir que tots tres anàvem pel mateix camí? La veritat és que vaig pensar-hi, com també vaig pensar en aquella sensació prèvia de tirar-se a les vies del metro. Era un rampell, és clar, una mena de pensament indesitjable que s'activava de tant en tant, sobretot quan baixava a l'andana i veia el primer vagó del comboi sortint del túnel. Però això no volia dir que passés a l'acció, de cap de les maneres. La diferència entre el suïcidi potencial i el real era que el primer podia durar tota la vida i el segon només unes dècimes de segon. El que costava, sens dubte, era planificar aquestes dècimes, decidir-ne la manera, saber quan i com ho faràs exactament, rumiar-hi tot sovint.

El suïcidi del Solé Ferrater no va succeir únicament el dia que es va llençar des d'una finestra del seu mas, a Reus, quan acabava de complir vint-i-set o vint-i-vuit anys. I el del Bru Serra tampoc no va tenir lloc tan sols la nit que es va llençar a les aigües del delta de l'Ebre, uns anys després. Tot i que en el cas del Bru Serra hi havia unes motivacions amoroses que no existien en el cas del Solé Ferrater, i que ja l'havien portat a un primer intent de posar fi a la seva vida per la via ràpida al Mirador del Mediterrani, a Tarragona, amb la sort o la desgràcia que un arbre li va esmorteir la caiguda. Aquells dos suïcidis (i qui sap si també el meu, vaig pensar) van començar el dia que la maquinària d'agressió sistemàtica de la nostra innocència, en nom de Déu Nostre Senyor, es va posar en funcionament sense que els nostres pares se n'assabentessin. Potser m'errava, i aquesta relació causa-efecte només existia a la meva ment, però, ¿qui era capaç de demostrar-me el contrari?

I com si tots dos suïcides haguessin volgut advertir-me dels seus impulsos incerts, vaig coincidir amb cada un d'ells pocs mesos abans de la terrible decisió. En el cas del Solé Ferrater, jo havia anat a Tarragona per completar els treballs de camp de l'auditoria d'Explosivos Río Tinto i no volia tornar a València sense passar abans per Reus. El meu company seia en una d'aquelles butaques immenses de la sala d'estar del Centre de Lectura, on d'adolescents intentàvem lligar, sense èxit, amb les nenes de la Presentación. Duia una barba espessa i semblava un filòsof existencialista. Quan em va veure, va sortir disparat cap a mi. En acabat de fixar-se molt en la meva roba (vestia un jersei verd poma, texans i sabatilles esportives), em va mirar intensament als ulls i em va dir en un to de sentència:

—Sempre he sabut que no eres com els altres. Tu penses.

En el cas del Bru Serra, uns anys després, jo havia deixat València i tornava a viure a Barcelona. Treballava per als serveis de l'Àrea de Cultura de l'Ajuntament que programaven espectacles i festes populars. El meu company seia en una cadira de vímet a la terrasseta estiuenca del bar del Mercat de les Flors, l'Espai Escènic Municipal. Venia de veure un espectacle de dansa contemporània al Teatre Grec de Montjuïc (potser *New Demons*, de la companyia canadenca La La La Human Steps). L'acompanyava una dona que jo no podia assegurar que fos aquella coreògrafa i escriptora de Reus que el duia pel carrer de l'amargura, i a qui segur que ell hauria deixat en herència un cert sentiment de culpa. Feia bon aspecte, però parlava baixet, sense emoció:

—He estat una temporada a Nova York, i ara no sé què fer. Em vull dedicar un parell de mesos a reflexionar sobre la vida.

Potser hauria d'haver-me adonat que aquella frase del Bru Serra, com també la del Solé Ferrater, tot i que d'una altra manera, era una mena d'advertiment inconscient del que planejava (i més amb els referents anteriors), però, ¿com podia saber-ho, jo? Si algú et deia que volia reflexionar sobre la vida, ¿aquesta reflexió conduïa inevitablement al suïcidi? I si algú et deia que no eres com els altres perquè, tu, *pensaves*, ¿una afirmació com aquesta significava que el fet de pensar conduïa també inevitablement al suïcidi?

Les respostes eren clares, vaig pensar, però les causes de les preguntes no tant. Una persona podia suïcidar-se en una situació d'angoixa terrible davant d'una tortura imminent (més per la por del dolor físic que pel dolor en si), com el president Allende, al Palacio de la Moneda de Santiago de Xile, o com Andreas Baader (de la banda Baader-Meinhof), a la presó alemanya d'alta seguretat de Stuttgart-Stammheim (tot i que aquest cas s'assemblava més a un assassinat que no a un suïcidi). Això era comprensible, com també ho era que una persona es pogués suïcidar de gran, bé perquè havia arribat a la conclusió que tothom acabava malament a la vida, és a dir, morint-se, bé perquè la degeneració del seu cos avançava a marxes forçades fins al punt d'afectar seriosament funcions orgàniques bàsiques. Però si algú de la meva lleva, com el Solé Ferrater i el Bru Serra, se suïcidava de jove, sense causes externes aparents (i per amor em feia l'efecte que hi havia molts més crims passionals que no pas suïcidis), la culpa no podia ser d'aquest procés malaltís i agònic, ja que encara calia arribar-hi, sinó molt possiblement d'un conflicte d'arrels educatives: el buit existencial, el no-res, en substitució del temor de Déu i la recompensa eterna. L'existència o no-existència d'un demiürg justicier. Si l'existència creava problemes que podien conduir a la negació de la vida, o a l'anul·lació de l'individu, la no-existència (Déu havia mort en honor de la Ciència) causava angoixa, desesperació, ganes de posar fi a aquest joc d'una vegada per sempre.

De fet, vaig pensar, érem l'única espècie que podia deixar d'existir per mitjà d'un acte racional, però ens havíem inventat Déu, les prohibicions, els manaments i el càstig etern per tal de no fer-ho. El que en els animals era instint de conservació en l'home era religió. I això ens menava a un raonament oposat a l'anterior: la religió no sols no era la causa de cap suïcidi sinó tot el contrari. Per tant, ningú que cregués en Déu era capaç de suïcidar-se (a excepció dels qui se suïcidaven en nom Seu, és clar). En conseqüència, ningú que no hi cregués, o en dubtés, o no acceptés els manaments ni el càstig etern podia deslliurar-se del neguit de fer-ho (tornàvem a la proposició inicial). «El gran error del suïcida no és matar-se», va escriure Cesare Pavese, «sinó pensar-hi i no fer-ho». Dit d'una altra manera: no hi havia pitjor suïcidi que pensar en el suïcidi, sentir-lo de prop, acaronar-ne sovint la idea. Aquesta era la «desintegració moral» de tots aquells que no teníem el *coratge* del Bru Serra, el Solé Ferrater i Pavese mateix i cada dia ens havíem d'autoconvèncer de l'heroïcitat de continuar lluitant a la vida en lloc d'engegar-nos un tret al cap.

Barcelona, 1970.
Filmació dels objectes africans que s'escampen per casa. I dels quadres de la tieta Remei i de la Pepita Blasco, a la saleta, al passadís i al rebedor (són imatges en color repetides, abusives, contenen l'Àfrica, és evident, però la part que ja em sabia de memòria i no tenia ganes de tornar a veure; una part que, sense considerar l'ullal d'ivori, alguns quadres de paisatges i els àlbums de fotos, tornava a ser a casa meva, com si em perseguís eternament per recordar-me una absència irreparable; no em podia desempallegar d'aquest record en forma d'estatuetes d'ivori, ni de la safata de la sirena amb coll de girafa i una serp cargolada al cos, ni de la dona negra dels pits punxeguts i els braços fent nanses que la meva mare amagava de tant en tant, ni dels elefants i les gaseles de banús, les més grans de totes, ni dels cavalls de pal rosa i els antílops de metall, ni d'un parell de postes de sol paradisíaques i palmeres inclinades damunt el mar que la Cristina havia decidit no endur-se). El meu pare va repassant els detalls damunt els mobles, estatueta per estatueta, sense deixar-ne cap, el cendrer de peu ple de burilles (era un fumador empedreït, fins que uns anys després va haver de deixar el tabac per prescripció mèdica), els quadres de les parets, el sofà entapissat de pelfa, la butaca de pell, el porta-revistes, el canterano, els objectes de dins l'armariet del canterano: els fermalls de la mamà, la porcellana xinesa, la col·lecció de culleretes d'argent, el rellotge que brilla de nit, la col·lecció de plomes estilogràfiques Montblanc..., el televisor en blanc i negre, el moble del televisor en blanc i negre, el marc de la porta de la terrassa que dóna a la ronda del Guinardó, la porta de la terrassa que dóna a la ronda del Guinardó. Tall.
La càmera és al balcó, mostra les plantes (un parell de testos amb geranis pansits), la paret grisa, un forat a la paret grisa que havia fet jo quan era petit, la barana, els barrots de la barana, l'edifici del davant, el

ròtol del garatge Teide, els arbrets i parterres de la ronda, els bancs, els gronxadors (poc abans de l'inici de les obres que els destruirien definitivament).

Es fa una fosa i la petita fotografia descolorida que el meu pare sosté amb una mà omple tota la imatge. A la fotografia, hi ha dos nens engronsant-se: l'Enric seu com si estigués a punt d'enlairar-se i no ho veiés gaire clar, i el Ricard es dóna impuls ell mateix amb les cames a la gatzoneta. El Víctor i jo som al darrere de tots dos. El Víctor somriu, amb una certa malícia dibuixada al rostre, i jo observo amb admiració com el Ricard va agafant alçada.

Final de la cinta.

La foto la tenia la meva germana, n'estava segur, com totes les fotos que ella havia desenganxat dels àlbums i canviat de lloc milers de vegades. Vaig maleir-la per haver-se quedat un tros de la meva memòria. Tots quatre érem allí, en aquells mateixos gronxadors vells i atrotinats que un dia, justament abans de començar la carrera, vaig veure desaparèixer per sempre. Era el principi de la construcció dels vials del cinturó de ronda, vaig pensar, dues passarel·les subjectades per columnes de formigó que s'enlairaven a l'altura del carrer de Sardenya, passaven per davant del primer pis (el nostre) i, un cop assolida la màxima altura, giraven per la plaça d'Alfons X en direcció al coll d'ampolla del carrer de Cartagena. Un prodigi urbanístic que ens va arrabassar el món de la infantesa i el va substituir pel trànsit rodat a tocar del balcó de casa. Recordava amb tristor les obres, durant els meus primers anys d'estudis superiors, a les acaballes del franquisme, i en acabat els sorolls insuportables dels motors i la densa pol·lució encastada als ampits d'unes finestres tancades permanentment. El resultat va ser tan nefast que, al començament de la dècada dels vuitanta, i gràcies a la pressió dels veïns, l'Ajuntament democràtic va enderrocar el vial de baix, no el del nostre costat, que era el pitjor en aquell tram, sinó el de l'altre. ¿Qüestió de mala sort, com havíem cregut d'antuvi, o d'interessos urbanístics especulatius que mai no es posarien en clar?

Aquella destrucció del nostre paisatge urbà va ser com l'anunci del final de la nostra amistat. Era indubtable que Reus m'havia distanciat dels meus amics, i que l'adolescència generava una altra mena de relacions, però jo creia que en tornar a Barcelona recuperaríem una part de les nostres vides en comú. Res més lluny de la realitat, vaig pensar. El món universitari ens havia arrossegat a tots, a banda del Ricard, i jo preferia escapar-me a Reus cada cap de setmana, per jugar a futbol, que intentar integrar-me en les colles respectives de cadascun.

L'Enric Monferrer estudiava filologia i pertanyia a un moviment independentista que anteposava l'alliberament nacional a la revolució social (una qüestió que llavors jo era incapaç d'entendre). D'altra banda, es passava els caps de setmana d'excursió amb un grup d'escoltes i no hi havia manera de trobar-nos. El Víctor Pons estudiava dret, tenia un bigoti immens, amb el qual guanyava concursos a les discoteques, i no volia saber res de política i de jugar-se-la davant dels «grisos». Per a ell, la revolució començava al llit, amb una noia diferent cada vegada, i el risc era que fos filla d'un guàrdia civil i aconseguís follar-se-la a la mateixa caserna. Encara més impossible de veure'ns. Finalment, el Ricard Rossich no havia volgut començar una carrera i treballava en una immobiliària, gràcies al meu cosí Josep-Antoni, que li havia donat un cop de mà després de no haver durat ni un sol dia com a venedor de mobles als magatzems Sears de la Diagonal-plaça de Calvo-Sotelo. Només ens vèiem quan coincidíem a l'escala de casa i amb prou feines.

De tots quatre, l'Enric i el Víctor eren els qui havien triomfat a la vida, vaig pensar. Vint-i-tres anys després de la filmació d'aquella pel·lícula, l'Enric acabava de ser nomenat director general de l'editorial que construïa la seva futura seu a la cantonada de davant de casa meva, entre els carrers dels Àngels i del Peu de la Creu (davant mateix de l'Institut Milà i Fontanals); i el Víctor, després d'haver treballat per a diverses companyies d'assegurances, tenia placa amb nom propi en un bufet d'advocats de prestigi de la ciutat. El Ricard, pobre, que no havia arribat ni a cap de vendes de la seva immobiliària, era l'altra cara de la moneda. Jo em situava en una posició intermèdia, sense guanyar ni perdre, però això sí, amb pocs motius per queixar-me. M'havia llicenciat amb grau en ciències econòmiques i empresarials per la Universitat de Barcelona, i després de dedicar cinc anys de la meva vida a revisar factures i esbudellar comptabilitats, quatre a ser director artístic d'un festival i sis a aplicar els meus coneixements tècnics d'economia al sector de la cultura i l'espectacle, ja en tenia prou, d'objectius assolits. Tan sols aspirava a continuar fent el que feia, si els polítics em deixaven.

Amb tots ells, es pot dir que vaig conservar una certa relació en la distància, tant a València com a Barcelona. Podien passar setmanes, mesos, fins i tot anys sense veure'ns, però quan els trucava responien immediatament, com si el temps s'escurcés de sobte. Del que em queixava era de les poques vegades que coincidíem, tots quatre, i que cap de nosaltres semblava veritablement interessat a recuperar els nostres espais de complicitat. Només l'Enric i el Víctor es veien amb una certa freqüència, però perquè les seves famílies continuaven sent veïnes i ells s'ho agafaven més com una obligació que no pas com una devoció. D'altra banda, i com que eren d'idees oposades, gairebé sempre acabaven enfadats per alguna discrepància teòricament insalvable o per algun comentari intencionadament polític que es convertia en un atac personal.

L'esquerda entre el Ricard i la resta de la colla, o més ben dit, entre el Ricard i jo, s'havia obert uns mesos abans del viatge a Mèxic, per culpa d'un inoportú i dissortat sopar l'organització del qual va recaure en mi. Havíem de ser els quatre amics de la infantesa, vaig pensar, nosaltres sols, per recuperar els nostres espais de complicitat, i vam acabar consentint que les dones respectives també hi vinguessin (tres dones només, perquè l'Enric no estava casat i la seva nòvia, editora com ell, passava llargues temporades a Buenos Aires). La trobada va ser un desastre. La Glòria i la Conxa, la dona del Víctor, formaven un grupet a part (em vaig equivocar consentint que s'asseguessin de costat), i la Marta, la dona del Ricard, només feia que preguntar-li a l'Enric per tal llibre o tal altre. El Víctor, que semblava disputar-se la dona del Ricard amb l'Enric, va encetar una conversa sobre la conveniència de no llegir tant i gaudir més de l'aire lliure i dels esports de risc (va posar l'esquí i l'equitació com a exemples). Per uns instants, vaig tenir por que l'Enric i el Víctor es barallessin, fet, d'altra banda, gens estrany entre ells dos, però al final es van controlar. Aleshores, com si tots dos necessitessin desviar les tensions cap a un tercer, van mamprendre-la amb el pobre Ricard. L'Enric va ser el primer, amb uns comentaris totalment inoportuns (que si la Marta era una intel·lectual i ell no, que si ella sí que llegia i ell no li arribava a la sola de la sabata, que si havia de canviar de feina perquè no venia un pis ni a trets); i el Víctor (el gran defensor uns moments abans de la pràctica dels esports de risc en lloc de la lectura plàcida), s'hi va llançar com un llop lletraferit, potser perquè ara tenia una ocasió immillorable de guanyar-se la Marta, que no feia res per rescatar el seu marit. El més greu de tot és que jo tampoc no vaig fer res per rescatar-lo, o no vaig saber com fer-ho, o no vaig pensar en el mal que tots nosaltres li estàvem fent.

Luba-Malabo (Guinea Equatorial), 1973.
Les imatges en color, una mica borroses, són preses des de l'interior d'un vehicle. El vehicle està aturat en una cruïlla de carreteres. La càmera enfoca una vella i atrotinada camioneta de l'època colonial que està fent una maniobra de gir. La condueix un negre. Al seu costat hi va un home blanc. És prou calb i du unes ulleres fosques de cul de got. No se'l veu bé, perquè la camioneta s'allunya de pressa, però es tracta del mateix home que el meu pare va filmar en el seu últim viatge a Guinea, quan Luba encara es deia San Carlos. Fins i tot la camioneta és la mateixa (vaig recordar que en una de les seves cartes el meu pare en parlava, d'aquest episodi, i de les imatges filmades per en Planas, en supervuit mil·límetres, una còpia de les quals havia promès enviar-li per correu certificat; era la pel·lícula d'en Planas, sens dubte, i l'home era en Rimbau).

Dins una antiga casa colonial (podia ser la del meu pare, que no tenia nom, o qui sap si la mateixa Hacienda Natividad), tres dones negres s'asseuen en un sofà. Van en calces i sostenidors. Una d'elles mira a la càmera i fa l'ullet. Té uns llavis molt gruixuts (gairebé obscens), els pits abundosos i du els cabells allisats i tenyits de ros, com si portés una perruca. La dona s'aixeca, fa uns moviments de malucs, i, d'esquena a la càmera, es treu primer les calces i després els sostenidors. El cul és més clar que la resta del cos. Tot seguit la càmera segueix el vaivé de les seves natges, fermes i arromangades. Els pits sobresurten pels costats i es veu una vora de carn que s'esclafa i s'eixampla a cada passa. La dona arriba al bany, puja una escaleta i entra en una banyera circular plena d'aigua. A l'escena següent apareix de cara. Té el cos dins l'aigua, els braços estesos i els pits suren entre l'escuma del sabó. L'aurèola és immensa, els mugrons, grossos i punxeguts; comença a estirar-los, a refregar-se'ls. Tall.

La càmera es recrea ara en les sabatilles de taló amb una borla de pèls estarrufats que hi ha a peu de la banyera, en les rajoles de la banyera, en les aixetes, en les mans que xipollegen (sense tornar a enfocar les mamelles), en les petites ones que es formen a l'aigua.

Es fa una fosa i apareix l'aigua estancada i bruta de la badia de Malabo. Tot seguit la càmera recorre el Club Náutico, el port, punta Cristina, els illots d'Henríquez, una plataforma petroliera a l'horitzó i punta Fernanda (ara punta de la Unidad Africana). El dia és clar i, per damunt de les acàcies de punta Fernanda, es veu la silueta espectral de la muntanya del Camerun. No hi ha cap transatlàntic, ni cap buc, ni cap fragata, ni cap iot, ni cap barca ni cap piragua. Només la part emergent del casc d'un vaixell mig enfonsat.

Final de la cinta.

Aquelles imatges no eren les que el meu cosí Joan-Carles devia veure un matí del mes d'abril del 1969, vaig pensar, quan la Guàrdia Civil el va conduir escortat i a la força (perquè no volia ni podia sortir de les oficines de l'agència de duanes d'en Rafel Izquierdo), cap a una badia de Santa Isabel atapeïda de vaixells ancorats esperant per salpar, enmig de l'angoixa i el nerviosisme d'aquells moments incerts.

Quan el Joan-Carles va traspassar, un parell d'any abans de la data de la carta, jo estava acabant el curs de preuniversitari, a Reus, i encara no m'havia desempallegat de la influència religiosa. Tanmateix, em resultava difícil de creure que el meu cosí l'hagués dinyada d'improvís, quan tenia tota la vida per davant. Era una mort ridícula per a un autodidacte i resistent de Fernando Poo, una mort prematura que afeblia la meva fe cristiana (segurament ja irrecuperable). La culpa la tenia ella, sens dubte. Ell s'havia casat amb aquella dona grassa i mamelluda, que pesava més de cent quilos i era el dimoni en persona, i, de cop i volta, tot el seu coneixement va anar-se'n en orris (i una mica també la meva admiració). Aquella golafreria incontrolable no era gens normal, l'hi hauríem d'haver dit, com també hauríem d'haver-li dit que no podia continuar amb aquell ritme tan intens. La tieta Remei s'enfurismava i malparlava d'ella, però davant del seu fill, quan tenia ocasió de veure'l, no sabia com reaccionar. Arrufava les celles, feia cara de pomes agres i actuava com si no passés res. Així fins al dia que a ell li va agafar l'atac de cor al mig del carrer i va caure en rodó. A aquella dona horrible i més lletja que un pecat ja no la vam tornar a veure.

Amb qui més m'entenia, per proximitat d'anys, era amb el Josep-Antoni. Els altres cosins que em quedaven eren massa grans per a mi, o jo massa jove per a ells. El Jaume continuava d'encarregat general de la botiga de roba dels seus sogres, a Arenys, i alternava èpoques bones amb unes altres de dolentes. Tot sovint es barallava amb la Virtuts, per qüestions de diners i de lletres impagades, però després feien les paus i es posaven a augmentar el compte de fills (ja en portaven tres) i a fer-nos-en padrins. Només ens vèiem per les bodes, batejos i comunions (i als enterraments, és clar). I el Tinet, el meu únic cosí per part de mare, era tan meravellós, tan modèlic, tan atent, tan d'anar a missa, que cada cop que ens acomiadàvem em feia l'efecte d'haver superat un tràmit necessari que em permetia sobreviure uns mesos més.

La pitrera i el cul de la dona negra de cabells tenyits de la pel·lícula d'en Planas em va fer pensar una altra vegada en aquell estil de dones blanques, rosses i mamelludes i d'amples malucs de les primeres pàgines de l'àlbum de fotos del meu pare (per les quals semblava, almenys sobre el paper, tenir preferència respecte a les negres), i, no sabia ben bé per quina estranya associació d'imatges, en una anècdota viscuda amb el Josep-Antoni, que ara em feia més riure que una altra cosa. Un cap de setmana de primavera, el meu cosí, la Mamen (una noia ben plantada que havia fet de model a l'Escola Massana) i jo vam anar a Andorra. Ell frisava per passar una nit amb ella i jo, imbècil de mi, per anar a comprar *El Libro Rojo* de Mao i les *Obras Completas* de l'esmentat autor, que aleshores només es podien comprar a França o en aquell petit i ben estrany principat independent. El Josep-Antoni duia una barba ben espessa i, a pesar de les ulleres de cul de got, semblava més un artista bohemi experimentat en models femenines de carn i ossos que un venedor de pisos. Jo, en canvi, no tenia barba ni semblava intel·lectual ni artista ni res que se li assemblés. Era un postadolescent barbamec, al segon curs de la facultat, que gastava una roba desastrada i no havia vist una model nua ni en pintura.

Ens vam allotjar en un hotel qualsevol que ni recordava. Ells en una habitació doble i jo en una d'individual, paret per paret. Tan bon punt vam ser a les nostres habitacions respectives, el Josep-Antoni i la Mamen es van posar a cridar com feres. Semblava que haguessin estat tancats durant anys i tot d'una els haguessin deixat anar, vaig pensar. Era tal l'enrenou que feien que jo ja no estava segur si preferia anar a comprar *El Libro Rojo* o trucar a la seva porta per preguntar-los si necessitaven ajuda. Finalment, vaig decidir escoltar la meva consciència revolucionària i sortir a comprar el preuat llibre de tapes vermelles i les altres obres «literàries» del Gran Timoner de la revolució xinesa.

—És una bèstia del sexe, nen. Mai no en té prou, de cardar —em va dir el meu cosí quan vam deixar la Mamen a casa seva, de tornada a Barcelona—. Llàstima que te n'haguessis anat a comprar els llibres aquests dels collons, si no, se t'hauria menjat viu. Fins i tot va trucar a la teva porta, però ja havies sortit.

No seria correcte afirmar que a partir d'aquell dia vaig odiar el meu cosí, perquè no era veritat. Al cap i a la fi l'estimava molt, a ell i la seva dona Neus (que no creia que s'enfadés amb mi si un dia li explicava aquesta anècdota), però cada vegada que pensava en aquell viatge a Andorra em venien ganes d'escanyar-lo i de cridar: Hòstia de Déu Consagrada! A la merda Mao, a la merda *El Libro Rojo* de Mao, les seves *Obras Completas*, el símil dels *tigres de paper*, el tractament correcte de les contradiccions al si del poble i la Revolució Cultural, que havia estat una tràgica decepció (i això sense saber res del seu desig malaltís per les noies adolescents, una conducta indigna i inimaginable en un líder revolucionari). Què hi farem! Jo aleshores encara era massa ingenu «políticament» per adonar-me dels errors dels grans líders del comunisme, i sentia que, per damunt de la pulsió sexual, necessitava aprofundir més en totes les teories i pensaments polítics d'esquerres per triar l'opció de militància més correcta. Però mai no vaig trobar l'opció de militància més correcta, i això és el que ara em feia ràbia: sentir-me un estúpid integral per haver desaprofitat l'ocasió de follar amb la Mamen.

A mesura que llegia i estudiava tots el textos polítics que em queien a les mans, els errors de Lenin, Stalin i Mao em desenganyaven dels partits comunistes afins. I dels partits trotskistes no calia ni parlar-ne. Per molta raó i lucidesa que Trotski hagués tingut, el cert era que els seus partidaris feien bona la dita d'un militant una cèl·lula, dos militants un partit i tres militants una internacional. ¿Com triar correctament, doncs, en aquelles condicions tan adverses? Una gran part dels dubtes sobre tot plegat se'm van aclarir al curs següent, després de la meva primera detenció, vaig pensar. La cita de la *mani* me l'havia passada precisament el trotskista Fernández Teixidó, al *hall* de la Facultat. En el moment del salt, em va semblar veure la Birulés i en Piqué agafats de la mà, entre altres militants del PSUC i companys de classe, però no vaig anar darrere d'ells. Tots teníem massa por per fixar-nos l'un amb l'altre. Ens agafàvem fàcilment de la mà de qui anava al costat, i si per una casualitat ens reconeixíem miràvem cap a una altra banda. La capçalera de la *mani* va travessar tres illes de l'Eixample de Barcelona i es va desfer quan es van sentir les primeres sirenes dels «grisos». Jo vaig córrer cap al carrer més proper, com tothom, i, quan creia que el perill havia passat de llarg, se'm va acudir recolzar-me en una parada de bus (un error greu i imperdonable). La «lletera» de la bòfia va aparèixer ràpidament, com si hagués ensumat la presa. Tot i que no m'havien vist córrer ni estava fitxat, la meva pinta de progressista em delatava: cabells llargs i greixosos, jupa, texans, motxilla amb apunts de la universitat (afortunadament no duia propaganda de cap grup polític). Els «grisos» van sortir apuntant-me amb els subfusells i em van fer entrar al vehicle d'una empenta. Un policia vell, amb cara de mala llet, va tafanejar els meus apunts i em va donar una bufetada abans de preguntar-me res.

—Éste estaba en la manifestación, seguro, es un estudiante de mierda, como todos —va dir amb un to de menyspreu.

Vaig intentar defensar-me assegurant-los que només estava esperant l'autobús, però em vaig guanyar la segona bufetada del mateix energumen. Llavors, un policia més jove i rialler, que seia al davant i parlava per la ràdio, va sortir en la meva defensa:

—No te preocupes, si no estabas en la manifestación no te pasará nada. En Jefatura decidirán qué hacer contigo.

Em cagava de por per moments. Mai no havia anat a la Jefatura de Vía Layetana, però no me n'havien parlat bé, no cal dir-ho, i menys en un moment de greu tensió política com aquell. Eren els darrers espeternecs del Règim, però precisament per això encara podien fer més de mal. Em van conduir escortat i sense emmanillar fins a una tètrica avantsala. Un cop allí, un altre policia em va demanar el document nacional d'identitat i em va dir que no em mogués del lloc (com havia de moure'm, si era al cor del centre d'operacions de la Brigada Político Social). Per una porta entreoberta veia un passadís pel qual no paraven de passar detinguts. N'hi havia un que duia la camisa xopa i semblava abatut. Feia l'efecte d'haver suportat un dur interrogatori. De tant en tant, sentia crits i xiscles que posaven la pell de gallina. Va transcórrer més d'una hora sense que ningú em digués res. El tecleig d'una màquina d'escriure marcava el compàs d'aquella espera interminable. Pensava que d'un moment a l'altre em conduirien als calabossos per fer-me confessar el que ells volguessin. La incertesa de no saber si em farien mal o no ja era una tortura. Vaig sentir unes rialles i la porta del despatx es va obrir. Un home quadrat i de cabells grisos va venir cap a mi amb el meu document d'identitat a la mà. Els esfínters se'm van reblanir. Sortosament, en lloc de portar-me cap al passadís d'on sortien els crits i els xiscles, el comissari em va acompanyar fins a la porta de la Via Laietana. Mentre em tornava el carnet, em va dir:

—No creas que has sido más listo que nosotros. Esta vez no tenemos pruebas contra ti, pero si te volvemos a coger sabremos que nos has engañado. Lárgate y que no te vea más por aquí.

València, 1979.
Imatges en un color perfecte de la plaça de la Verge de València, del Portal de la Seu (on cada dijous es reunia el Tribunal de les Aigües), de la torre del Miquelet, de la Basílica de la Mare de Déu dels Desemparats, del Palau de la Generalitat, de la plaça de Manises, del carrer de Cavallers, d'una botiga litúrgica i de la funerària Machancoses. Fa un sol esplèndid i hi ha molta gent passejant. La meva mare passa per davant de la càmera, somriu i saluda amb una certa desgana. Està molt envellida. Una xiqueta vestida de fallera també saluda. Dalt del Palau de la Generalitat, la senyera oriflama del rei En Jaume flameja tímidament. Són quatre pals rojos i el camper daurat, sense cap augment o afegitó de color blau (una imatge de segles que semblava un miratge). Tall.

A l'escena següent es veu l'aparador d'una botiga. El rètol diu: GALERÍA DE ARTE COLONIAL AFRICANO. La càmera s'apropa a l'aparador i enfoca un quadre. És una posta de sol damunt el mar, amb palmeres inclinades i rajos ataronjats, idèntica a la del paradís pictòric que m'ha perseguit des que vaig néixer. Fa un *zoom* de la part inferior i es llegeix: Pepita Blasco. Un metre davant de la porta, hi ha una dona de l'edat de la tieta Remei. Du els cabells arrissats i és ampla de malucs. Té els dits llargs i fins, i nerviüts. Va vestida amb una brusa de pintora, tacada (els anys han passat, però reconec la mateixa dona del banyador vermell de la pel·lícula de l'any 1964). Mira a la càmera amb displicència, com si no volgués ser filmada. La meva mare apareix per la dreta i se li posa al costat. Les dues dones es miren, se somriuen, giren cua i entren a la botiga. La càmera entra a la botiga i en recorre l'interior. Per les parets, hi ha quadres penjats. Són també de postes de sol africanes damunt el mar. En un cantó, hi ha màscares, llances i escuts (uns artefactes que el meu pare no comprava, perquè deia que no eren originaris dels nadius de Fernando Poo), i estàtues de banús representant animals. Damunt uns prestatges, hi ha estatuetes de metall, collars, braçalets de llavors i arracades. La càmera va resseguint-les. A terra, hi ha timbals, de formes i mides diverses, altres instruments musicals africans, tamborets petits i catifes d'imitació de pell de lleopard. Tot seguit la dona i el meu pare s'acomiaden a la porta de la botiga (ara devia ser la mamà, qui filmava). Tall.

La càmera mostra una perspectiva de l'avinguda del Doctor Lluch, al Cabanyal, i enfoca un tros de vorera. Llevat del meu pare (que és qui filma), ara sí que hi sortim tots. El Marcel és molt xicotet i condueix un cotxe de pedals defectuós que es desvia cap a l'esquerra. L'Elvira, amb poca traça, intenta redreçar-lo amb el peu. D'improvís, les rodetes fan un gir estrany, el cotxe bolca i el xiquet surt disparat amb el cap per endavant. Plora d'allò més. Els pares de l'Elvira, més ràpids que un llamp, l'agafen a coll. Sembla que cantin en parella: «Ai!, ai!, ¿què li ha passat al meu xiquet, que s'ha pegat un bac?». La meva mare intenta també agafar-lo, però no l'hi deixen. Jo em miro l'escena un pas per darrere de l'Elvira, que no hi intervé. Tots dos semblem actors secundaris. Tracto de somriure, se'm nota. La lent distorsionada del *zoom* va apropant-se al meu rostre i em fa l'efecte que sóc jo qui m'hi apropo.

Es fa una fosa del meu rostre i apareix el rostre menut i rogenc del Marcel. Ara ja no plora (s'assemblava a mi de petit, deien, però jo tenia els cabells castanys i no rossos). La darrera imatge és com una postal d'orxateria d'Alboraia al bell mig d'una ceràmica de Manises. Amb un fons de façana enrajolada d'una casa típica del Cabanyal, l'Elvira sosté el Marcel a coll (per fi l'ha agafat), vestit de llaurador valencià per a l'ocasió. Els seus pares se situen a la seva dreta, la mamà i jo a l'esquerra. Tots cinc saludem a la càmera, fins i tot l'Elvira, que amb prou feines pot sostenir el Marcel amb un braç sense que li caigui a terra.

Final de la cinta.

Quina diferència d'imatges d'aquella València il·lusionant (quan l'Elvira, el Marcel i jo encara vivíem a Barcelona i vam fer l'escapada amb els meus pares) de les del darrer viatge, vaig pensar. En comptes de dirigir-me directament al Cabanyal, per aprofitar el màxim de temps possible amb el Marcel, com hauria d'haver fet, em vaig entretenir passejant pel barri del Carme. Començava a vesprejar i l'animació era intensa. Dalt del palau de la Generalitat, la rèplica de l'estendard històric dels antics terços de València abans de la pèrdua dels furs (el de la companyia de ballesters del Centenar de la Ploma), amb el controvertit augment en forma de corona oberta per l'extrem de l'asta, ja feia uns anys que hi flamejava en substitució de la senyera oriflama del rei En Jaume. Per a més sarcasme, la tela de fons dels murons de la corona lluïa un blau excessivament pujat de to, res a veure amb el color pàl·lid original de l'estendard que es guardava a l'Ajuntament (en una sala-magatzem-museu d'andròmines històriques molt propera al meu antic despatx). Al carrer de Cavallers, les voreres havien guanyat terreny a les llambordes i la corrua de cotxes a penes es movia. Darrere els edificis antics de portes nobles i patis interiors reconvertits en espais lúdics es veien cases abandonades i algunes tàpies i solars. Vaig adonar-me que el barri s'estava esponjant massa, gairebé es podria dir que es desintegrava de mica en mica. Era una sensació de viatges anteriors que ara es refermava. ¿Deixadesa, especulació urbanística, picabaralles polítiques? De tot una mica. D'altra banda, arreu proliferaven bars musicals i restaurants esnobs amb encant. Allí on el comerç de tota mena feia útil la ciutat, ara només hi havia oci comercialitzat i rotllanes de gent bevent cervesa.

Com que volia ficar-me per tots els carrers i carrerets del barri, per avaluar personalment els danys de la «reforma urbanística», al final se'm va fer molt tard i vaig haver de travessar la ciutat saltant-me uns quants semàfors (val a dir que a València era normal trepitjar el pedal a fons en el mateix moment que el groc canviava a roig). Quan vaig arribar a casa de l'Elvira, al Cabanyal, el meu fill ja feia una hora que m'esperava neguitós. Em vaig disculpar donant la culpa al trànsit que havia trobat a l'autopista, principalment a la sortida de Barcelona i a l'arribada a València. L'Elvira va dir, en un to irònic, que ja s'ho pensava, això del trànsit, però no va insistir-hi més. Tots junts vam anar a casa dels iaios, un vell costum de quan jo ja no vivia amb ella. Els diumenges sempre m'hi deixava caure, com aquell que no volia la cosa. M'invitaven a dinar amb ells (quasi sempre paella de peix i marisc), veia el meu fill (gras com un bacó), que em mirava esbalaït sense badar boca, xerràvem de futbol o de com anava la pesca (el iaio era armador) i després de les postres ens preníem un cafè i una copa de conyac, com si fóssim una família perfecta. Quan començava a fumar el puret, no abans, l'Elvira s'enduia el Marcel a jugar i ho aprofitava per escalfar-me les orelles. Era tot un detall per la seva banda, que s'esperés que acabéssim de dinar. Jo ho acceptava esportivament, gairebé donant-li la raó en tot, mentre m'abstreia en els fums del tabac. Aquest cop vaig anar-me'n de seguida, perquè ja de camí havia decidit no quedar-me a dormir a casa de l'Elvira i tornar a Barcelona al més aviat possible. Pobre fill meu, vaig pensar, li havia promès tot el cap de setmana a València i només vaig ser capaç de dedicar-li una hora.

Mentre recordava l'avinguda del Port i el pont d'Aragó, que passava per damunt de l'antic llit del riu Túria (ara convertit en petits camps de futbol, parcs en miniatura i zones verdes descurades), em van venir a la memòria les imatges de la nit de l'intent de cop d'estat, tan sols un parell d'anys després de la filmació que acabava de veure. Aquella nit vaig sortir al carrer desafiant la prohibició, vaig pensar. Me la jugava, naturalment, però ho vaig fer. Milans del Bosch havia tret els tancs al carrer i el toc de queda era a partir de les 21.00 hores. Això passava a l'Estat espanyol, al País Valencià, a València ciutat, un 23 de febrer de l'any 1981. Podia jurar per Déu haver-ho presenciat en directe, com a testimoni d'excepció.

Jo aleshores vivia a l'Illa Perduda, un barri perifèric molt a prop de l'estadi de Mestalla, de la sortida cap a Barcelona i de la prolongació de l'avinguda de Blasco Ibáñez en direcció al Cabanyal. Em trobava en el punt més àlgid de la meva vida dissipada, o, si més no, fragmentada. Al matí, després d'haver dormit quatre hores a tot estirar, havia anat al Grau de Castelló, a uns seixanta quilòmetres de València, per ocupar-me dels treballs de camp de l'auditoria de Petróleos del Mediterráneo. Cap al migdia, els rumors dels treballadors eren confusos. Que si tal cosa, que si tal altra. Finalment, a la tarda, el gerent de l'empresa va venir a dir-me que tornés de seguida a València perquè a Madrid la Guàrdia Civil havia ocupat el Parlament i el país estava sense govern. Per acabar-ho d'arrodonir, no duia ràdio al cotxe per seguir les notícies. A l'arribada a València, després d'aconseguir passar el semàfor d'Europa, les cues eren llarguíssimes. Un cotxe amb matrícula de Barcelona, amb una cinta quadribarrada lligada al mirall retrovisor, va aparèixer al meu costat. El conductor, que havia vist els meus adhesius enganxats al costat de la matrícula, va abaixar la finestreta i em va fer gestos perquè jo també l'abaixés:

—Ja ens en podem acomiadar, de les quatre barres —va dir assenyalant la cinta—. Espero arribar a l'hotel abans del toc de queda. És a les nou en punt.

Per la ràdio del seu cotxe se sentia música sacramental o militar. No me n'havien dit res, del toc de queda, però encara hi havia temps. El seu vehicle va arrencar, seguint la cua que avançava, i el vaig perdre de vista. Un cop a casa, a dos quarts de nou del vespre, vaig adonar-me de la meva precarietat pel que feia a rebre notícies del món exterior (encara pitjor que al cotxe). La dona amb qui compartia el pis acabava de mudar-se i s'havia endut l'aparell de ràdio i el televisor (uns regals generosos perquè em deixés en pau). Davant d'un fet tan transcendental com aquell, estava incomunicat, vaig pensar. Fins i tot no tenia ni telèfon, perquè els de la Telefónica mai no venien a instal·lar-ne la línia (potser per això el barri es deia l'Illa Perduda). Els minuts passaven i no sabia què fer. M'aixecava, m'asseia, tornava a aixecar-me, tornava a asseure'm. Vaig agafar una revista anglesa d'economia crítica i radical que hi havia damunt la tauleta i, si fa no fa, vaig llegir el següent: «...les polítiques econòmiques recomanades pels economistes del Fons Monetari Internacional (FMI) i el Banc Mundial (BM), en lloc d'afavorir el desenvolupament dels països endarrerits o en vies de creixement, en molts casos només han servit per crear bombolles especulatives, enriquir diversos sectors de capitalistes autòctons i ampliar encara més les desigualtats i les diferències entre el Primer Món i la resta. Sense reformes estructurals prèvies, canvis en l'organització administrativa i un control ferri del sistema financer, la corrupció generalitzada a totes les instàncies de... les economies emergents dels Tigres de l'Àsia, com Corea del Sud, Taiwan, Hong Kong, Singapur, Malàisia, Indonèsia o Tailàndia, contràriament a les de l'Amèrica Llatina, han gaudit de polítiques macroeconòmiques intervencionistes i expansives, amb tipus d'interès molt baixos i incentius considerables a les exportacions, per créixer espectacularment i convertir-se en un aparador del capitalisme contra l'amenaça comunista al sud-est asiàtic... en canvi, a Xile, les receptes ultraliberals aplicades pels economistes de l'Escola de Chicago, amb Milton Friedman al capdavant, després del cop d'estat militar de l'any 1973...». No, no era l'article més adequat per llegir en aquell moment.

De sobte, vaig sentir un soroll similar al dels carros de combat lleugers quan es desplaçaven. Coneixia aquell soroll perquè havia fet la mili en una caserna d'artilleria de campanya, a Sevilla. Conduíem peces autopropulsades que es movien com tancs, tot i que d'una manera més lenta i pesada. La caserna de cavalleria era al costat de la nostra. Tot sovint els carros de combat (si deies *tancs* et castigaven amb una imaginària) sortien dels hangars per fer instrucció per la carretera de Cadis i els solars veïns. De tant en tant, mentre nosaltres corríem pels voltants, els vèiem arribar de l'hipòdrom de Pineda o de ben a prop del camp de futbol del Real Betis Balompié. El soroll era inconfusible: eren car-ros lleugers, i tant que ho eren, ràpids per prendre posicions i apuntar als edificis i a la gent.

Van passar molts minuts, potser una hora, i el silenci que va seguir al soroll dels tancs em ressonava als timpans. No podia restar un segon més a casa sense saber si havia d'exiliar-me a corre-cuita o simplement posar al dia la cartilla militar. A la merda el toc de queda!, vaig pensar. Si m'aturaven diria que m'havien robat la ràdio i la tele. Vaig sortir al carrer dels Sants Just i Pastor, desert com si una epidèmia contagiosa hagués obligat tothom a tancar-se amb pany i clau, i em vaig dirigir a l'avinguda de Blasco Ibáñez, a casa del director gerent de la firma d'auditoria on treballava. No circulava ni un cotxe, ni una moto, ni un autobús, ni una ambulància, ni una ànima despistada com la meva. El director gerent em va rebre més content que un gínjol. Aquests fets socials era millor viure'ls en companyia de més gent, em va dir irònicament.

—He treballat d'auditor a l'Uruguai, a l'Argentina, a Xile, a Bolívia. A Sud-amèrica quan fan un cop d'estat el fan de debò. Això és una cagada, ja ho veuràs. Demà, a la feina. ¿Has sopat? ¿No? Doncs sopa tranquil.

Vaig sopar tranquil, o no gaire tranquil, perquè el director gerent no parava de donar-me la tabarra amb la necessitat de tenir els militars ben cofois perquè així no pensessin en conspiracions. Finalment, cap a la una de la matinada, el rei de tots els espanyols va aparèixer per televisió anunciant que el cop militar havia quedat només en un intent, i desautoritzava els conspiradors. A Madrid, la División Acorazada Brunete no havia arribat a sortir de les casernes. A València, però, en Milans del Bosch, amb els tancs al carrer, semblava no assabentar-se'n.

—¿Ho veus? Ja t'ho deia, jo —va esclatar el director gerent.

Tot envalentit, després d'haver-me begut més de mitja ampolla de xampany (l'altra mitja se la va beure ell), vaig decidir anar-me'n, però no a casa, sinó a veure què passava amb en Milans dels collons. En comptes de pujar per Blasco Ibáñez vaig preferir anar a buscar l'avinguda del Port. A l'altura del pont d'Aragó, mirant cap a l'avinguda del Marquès del Túria, hi havia un tanc. La visió em va esglaiar. Vaig seguir per Jacinto Benavente, amb la intenció d'agafar Navarro Reverter, vorejar la Glorieta i plantar-me al centre de la ciutat. A la cruïlla del pont del Mar, un altre tanc tancava la sortida. No em va fer tanta impressió com el primer. Davant de Capitanía, vaig veure corredisses de soldats cap al pont de l'Exposició. Quan estava a punt d'arribar al final del carrer de la Pau, un soldat de la Policia Militar em va barrar el pas. El soldat, molt amablement, em va dir que no podia accedir a la plaça del País Valencià. Vaig girar cua ràpidament, en direcció prohibida, mentre pensava que si aquell cop d'estat hagués triomfat de debò jo ja no seria viu per explicar-ho. Havia desafiat l'estat d'excepció, el toc de queda, les normes de circulació i no sé quantes coses més. La tornada a casa, al carrer dels Sants Just i Pastor, va ser fabulosa. Al mateix temps que anava deixant enrere els ponts de la zona interior del riu, pel mirall retrovisor veia com els tancs abandonaven les seves posicions estratègiques i em seguien llit del Túria avall, també de tornada a casa, com si fossin imatges del passat captades per la càmera del meu pare, com si mai no haguessin existit.

CAPÍTOL QUART

VII

PREÀMBUL

Com si mai no haguessin existit, o, com si hagués perdut la noció del temps, eren ja les vuit de la tarda i, per uns instants, amb tot tancat, vaig dubtar d'on era. Aquell record dels tancs pels carrers de València continuava neguitejant-me. Havien passat dotze anys sencers sense pronunciaments ni moviments perceptibles de tropes, l'exèrcit espanyol començava a participar en tasques humanitàries a l'antiga Iugoslàvia (Bòsnia i Hercegovina), la Unió Europea semblava rebre'ns amb els braços oberts després de la llarga nit del franquisme, però jo, de tant en tant, encara creia que els militars tornarien a intentar-ho (un dia o altre, com havia escrit el meu pare).

En obrir els finestrons de bat a bat, els reflexos ataronjats del sol de la tarda em van fer parpellejar. L'aire era calent i humit. De la terrassa estant, i mirant per entremig dels lledoners que s'alçaven per sobre de la barana, tractava d'abastar el contorn de la cruïlla dels carrers del Pintor Fortuny i dels Àngels, les primeres obres de construcció de la futura seu de l'editorial on el meu amic Enric Monferrer m'havia dit que ocuparia un despatx amb vistes a la plaça de les Caramelles, i m'imaginava com devien ser aquells dies tristos del començament de la dècada dels cinquanta, quan en Joan Comorera (estalinista convençut, membre fundador del PSUC i conseller d'Economia de la Generalitat de Catalunya durant la Guerra Civil) descorria de tant en tant un extrem de la cortina per veure passar de llarg els cotxes i respirar fondo. Va viure uns mesos al pis de sota el meu, amb la seva dona, Rosa Santacana, i finalment va ser detingut per la Brigada Político Social en un pis del carrer del Consell de Cent, entre Muntaner i Aribau (el darrer d'un seguit de mudances forçoses). Això passava el 9 de juny del 1954, onze dies abans que jo nasqués. Uns diuen que va ser la seva pròpia filla Núria qui el va trair, perquè el considerava de moral burgesa i anticomunista, i uns altres que va ser víctima de la delació de membres destacats del PCE-PSUC (el partit d'en Ramon Mercader, l'assassí de Trotski, i dels qui, un matí del 16 de juny del 1937, van segrestar l'Andreu Nin per lliurar-lo als agents de Stalin). Fet i fet, ni la Pasionaria, ni Santiago Carrillo ni la seva pròpia filla estaven disposats a tolerar un dirigent del PSUC partidari del dret d'autodeterminació i l'alliberament nacional. Descansi en pau, a pesar de ser responsable també de la tortura i mort d'en Nin (per obra i gràcia de la connivència ideològica i política del seu partit amb el PCE i l'estalinisme). Ara li donava la raó en moltes coses, al meu pare i, en recordar-ho, el cor se'm va encongir.

De cop i volta, em va agafar una necessitat imperiosa de parlar amb els meus cosins. Potser la causa d'aquell impuls, vaig pensar, era la mala consciència per la meva conducta esquerpa davant les mostres de condol que havia rebut de tots ells el dia de l'enterrament. O potser perquè em sentia més orfe que mai, en tots els sentits, i aquells pensaments sobre la mort de qualsevol somni revolucionari d'esperança encara m'havien deprimit més. Abans d'esperar-me a trobar les respostes, ja estava marcant el número de telèfon del Jaume. El Jaume no hi era, a casa, treballava a la botiga fins tard i aquella nit, a més a més, feien inventari, però vaig parlar amb la Virtuts. Es va estranyar molt de la meva trucada, del tot inusual, i vaig haver de convèncer-la que era per donar-los les gràcies pel seu suport moral i, al mateix temps, interessar-me per la meva fillola (la seva filla petita), a qui no recordava haver vist a l'enterrament.

—La teva fillola està molt enfadada amb tu —em va etzibar—, ja hauries de saber-ho. Només l'has vista dos cops a la vida, el dia del seu bateig i el de la primera comunió, i encara és l'hora que li regalis una mona de Pasqua.

Amb el Josep-Antoni la cosa va anar molt millor. Ell sempre hi era, a casa seva, treballant com un negre i cremant-se els ulls en un soterrani convertit en taller. Per molt que haguessin passat els mesos, quan jo li trucava per telèfon, o ell a mi, ens hi estàvem una bona estona, parlant. El seu treball artesanal i artístic m'interessava (actualment feia miniatures de jocs de dòmino, escacs, dames, parxís i pintava quadres de vaixells en relleu), i a ell, la meva independència li feia gràcia, o la meva inestabilitat emocional, que pel que fa al cas era el mateix. La Neus sempre em deia que jo sí que sabia viure, perquè, segons ella, em passaven les coses més inversemblants. No sé si es referia a les meves escapades nocturnes, ara ja oblidades, o al meu primer matrimoni fracassat i un segon a punt d'anar pel mateix camí, però més valia deixar-ho en aquest punt incert d'admiració (més que res per no explicar-li el viatge que el seu marit i un servidor vam fer una vegada a Andorra, on qui follava amb so de bombo i platerets era ell i no jo).

Quan vaig penjar el telèfon, no tenia esma de telefonar al Tinet per completar el tràmit de trucades familiars. A més, no feia ni vint-i-quatre hores que havíem parlat de l'assumpte aquell de l'escola i la missa del funeral. La quota de converses, tot i els meus agraïments més sincers, estava exhaurida, almenys fins al mes següent. Tanmateix, sense el seu suport anímic, i el de la tia Mercedes (ves per on, ara la recordava amb afecte i em sabia greu haver-la criticat sense consideració), l'enterrament hauria anat molt pitjor. La tieta Remei era un espectre amb ulls, la Cristina s'amagava darrere unes ulleres de sol, igual que el Jaume, la Virtuts, el Josep-Antoni i la Neus (tots quatre amb els ulls enfosquits), i jo, amb el *jet lag*, amb prou feines em mantenia dempeus. Gràcies al Tinet, també, cap dels meus amics va faltar a la cerimònia. El Víctor, l'Enric i el Ricard hi van venir acompanyats de tots els seus familiars directes. El Víctor va donar-me el condol molt cerimoniosament, igual que la seva mare, endolada de dalt a baix, i els pares de l'Enric i del Ricard (el pare de l'Enric s'havia aprimat molt i no tenia gaire bon aspecte). La senyora Rossich, endolada també de cap a peus, no parava de resar amb els llavis. L'Enric em va encaixar amb una certa fredor, habitual en ell, però després no es va moure del meu costat (com el Tinet). Em va demanar disculpes perquè la seva nòvia era a Buenos Aires i tot just arribava la setmana vinent (vaig dedicar-li l'únic somriure de l'enterrament, ja que la frase li havia sortit del cor, sense intenció de fer una gracieta de les seves). Les germanes i els germans del Víctor van ser molt afectuosos, i la Mònica, la germana del Ricard, em va abraçar i em va estrènyer amb força contra els seus pits (que em van semblar tous i acollidors), com si hagués estat esperant una ocasió com aquella per demostrar-me una estima que jo mai no havia copsat (els meus sentiments cap a ella no es diferenciaven gaire dels que em provocava la meva germana). La Conxa i la Marta també semblaven compungides, però tan sols abans dels formalismes habituals. Després de fer-me un parell de petons cadascuna, gairebé ploriquejant, van estar-se tota l'estona al costat de la Glòria (el Víctor se les mirava com si tractés de descobrir l'entrellat de les seves converses). L'únic que desentonava era el Ricard, vaig pensar. Tenia la mà suada, flonja, i les paraules de rigor, ni una més ni una menys, van ser com una puntada de peu a l'estómac. Va ser llavors quan vaig adonar-me que continuava molt enfadat per aquell incident del sopar, molt més del que em pensava.

Com que la tristor m'envaïa per moments, vaig fer una darrera trucada. La tieta Remei devia pensar que m'estava tornant boig. Al matí havia anat a veure-la, a Pineda, i ara li trucava per telèfon. Vaig preguntar-li pels cosins, sense explicar-li que acabava de parlar amb la Virtuts i el Josep-Antoni.

—¿Els cosins? —va respondre'm estranyada—. ¿Que no vas parlar amb ells el dia de l'enterrament?

Vaig dir-li que sí, però només per respondre als condols. Tots estàvem molt compungits i no teníem ganes d'enraonar.

—Doncs al Jaume ara li van bé les coses i, fins i tot, se sent amb ganes d'obrir una nova botiga al centre d'Arenys. Em sembla que t'ho vaig dir. El Josep-Antoni, com sempre, tancat al soterrani de casa treballant en les miniatures. Ell i la Neus, tots dos. No guanyen gaires diners, però se'n surten. El problema és que es fa gran i la miopia va en augment. Hauria de canviar de feina i dedicar-se de nou a vendre pisos, que això sí que és un negoci, però qualsevol l'hi diu.

A la tieta no li agradava que féssim esment del Joan-Carles, però ell era allí, al cor de tots els qui l'havíem conegut i estimat. Quantes històries de l'espai m'havia perdut per culpa d'aquella mort prematura. Fins i tot durant una època vaig fer l'esforç de llegir Martin Rees (un dels astrònoms que ell més citava), per tal d'assimilar d'una vegada per sempre l'atracció gravitatòria, l'efecte Doppler o la formació d'una gegant vermella (de la conjectura de Poincaré o la teoria de la relativitat d'Einstein, ja n'havia desistit abans d'intentar-ho). Però em mancava la passió del meu cosí per capir l'univers, o, si més no, per imaginar-me'l de la mida d'una pilota de golf, just abans dels 10^{-36} segons d'existència, quan per alguna raó desconeguda l'expansió es va accelerar exponencialment (d'altra banda, ¿qui podia imaginar-se una cosa així, a part d'ell, Martin Rees, Stephen Hawking, tota una colla d'astrònoms il·luminats i Jorge Luis Borges?). Mentrestant, la tieta evitava el mal tràngol d'haver de parlar del seu fill mort, tot i que quan algú pronunciava el seu nom, per un oblit o un inadvertiment, aparentava una sang freda admirable i era capaç de seguir la conversa sense permetre's vessar una llàgrima ni enrogallar la veu.

La cangur i la Irene van arribar de la platja tot just quan jo havia acabat de fer la darrera trucada. Sabia que la Glòria vindria tard o no vindria, però tant se me'n donava. Vaig acomiadar la cangur, vaig preparar el sopar de la Irene, vaig menjar-me les seves restes, la vaig ficar al llit i em vaig asseure al sofà. Estava tan cansat, perquè no havia aclucat els ulls en dos dies, que, a pesar de tenir el cervell hiperactiu, em vaig quedar profundament adormit. La Glòria va arribar a casa a dos quarts de nou del matí, ullerosa i amb els llavis inflats. Sense preguntar-me què hi feia, estirat al sofà, va anar a l'habitació de la Irene, la va despertar sense cap delicadesa, la va vestir de pressa i li va fer beure la llet d'una glopada. Jo sentia els crits de protesta de la meva filla, però no volia organitzar un escàndol. En aquell moment només pensava que se n'anessin al més aviat possible. Necessitava uns instants de pau i tranquil·litat abans de reincorporar-me a la feina després de les vacances. Unes vacances que havien començat meravellosament a Mèxic, amb el meu col·lega Fabregó de company de ruta, i havien tingut un final tan trist i rocambolesc.

De camí a la Rambla, pel carrer del Carme, intentava concentrar-me en el record que tenia de les pel·lícules del meu pare, concretament de les escenes que havia vist centenars de vegades en les seves bobines originàries, sense empalmaments ni foses. Tanmateix, no eren aquelles escenes inofensives les que em venien a la ment, sinó les altres, les que mai no havia vist (l'escena en què sortia la Milagros a l'Hacienda Nativitat, la de l'amant d'en Rimbau a la finca de San Carlos i totes les de la pel·lícula d'en Planas). Potser era per això, o per un efecte suggestiu *a posteriori*, però la meva memòria s'havia desfet de la sensació de passat boirós i barrejat que havia sentit la nit anterior i ara compilava tots aquells anys d'una manera diferent. Vaig pensar que si feia l'esforç de recordar moltes de les escenes filmades era perquè les mateixes imatges tan seguides les havien fet reviscolar, i que cada seqüència era capaç de contenir tots els records alhora, fins i tot els de Guinea i tots aquells que no eren meus ni havia viscut directament. Llavors, mentre les passes em guiaven pel mercat de la Boqueria a la recerca urgent d'un cafè amb llet i una magdalena (una imatge molt proustiana, és cert), vaig tenir la percepció (o almenys així ho recordo ara, quan escric tot això), per uns instants, només per uns instants, d'haver intuït vanament la complexitat de l'univers, tan immensa i petita com un Aleph.

VIII

EPÍLEG

Barcelona, 24 de setembre del 1996.

Avui, dia de la festa de la Mare de Déu de la Mercè, patrona de la ciutat de Barcelona, amb la paraula *Aleph* acabo el darrer preàmbul del darrer capítol d'aquests escrits i, conseqüentment, tot el que fa referència als records d'aquells dies de final d'agost i principi de setembre del 1993, a partir del moment en què la Glòria va venir a rebre'm a l'aeroport, per donar-me la notícia de la mort del meu pare, fins que em vaig reincorporar a la feina. Des d'on sóc, assegut a la taula de l'estudi, que és al final de la saleta, veig la part de dalt de la façana del Gran Teatre del Liceu en reconstrucció i sento el tràfec festiu de la Rambla, amb trabucaires i xerinola inclosos. El Marcel ha vingut de València amb uns amics i encara no han tornat a casa (no crec que hagi de preocupar-me'n, em fa l'efecte que són una colla prou responsable, més els altres xiquets que no pas el meu propi fill, què hi farem). La Irene dorm com un tronc a l'altra banda del pis, aliena, de moment, als sorolls i a la festa (jo a penes he aconseguit dormir un parell d'hores). Demà és el seu cinquè aniversari i la seva mare vindrà a buscar-la (ahir, la seva mare, amb tota la «generositat del món», va fer una excepció perquè pogués coincidir un dia amb el seu germà). Tot el que m'envolta es barreja d'una manera estranya, poc freqüent, però potser són aquestes casualitats, i el cansament, les que em fan sentir actiu. Reprenc el fil de l'escriptura, una mica a la deriva, sense saber ben bé com he de concloure el que vaig començar ara fa uns tres mesos.

D'ença d'aquell infaust mes de setembre del 1993, havien passat tres anys, una campanya electoral de degradació política permanent i la victòria inevitable, tot i que sense majoria absoluta, del partit de la dreta espanyola hereva del franquisme (que en sis mesos ja augurava una etapa molt més negra que abans pel que feia a les llibertats, els drets nacionals i el respecte democràtic). Inexplicablement, o potser no tant, els partits nacionalistes burgesos d'Euskadi i de Catalunya havien votat a favor de la investidura de José María Aznar López com a president del govern espanyol (un exinspector fiscal de mirada inquisitòria, cabells repentinats i bigotet). En Josep Piqué, antic militant o simpatitzant de BR i del PSUC, amb qui jo havia coincidit en un curs del matí de la Facultat d'Econòmiques (conservava encara el serrell rebel i la pinta de setciències, però ara se'l veia més rodanxó i amb les galtes envermellides), era el nou ministre d'Indústria. Els seus orígens havien acabat passant per davant dels seus ideals, si és que alguna vegada n'havia tingut.

En aquest escenari, i a mesura que en Piqué, per raons d'imatge relacionades amb el càrrec públic, s'escanyolia i el rostre se li anava tornant eixut i pàl·lid, la meva vida queia per un pendent de conformisme i deixadesa. No tenia esma per exigir-me cap meta, ni tan sols per tractar de millorar el meu aspecte (a diferència d'en Piqué, que cada dia s'assemblava més a l'actor Peter O'Toole en films com *What's New, Pussycat?* o *Lawrence of Arabia*). El perquè d'aquell fracàs era difícil de concretar, ja que no n'hi havia un sinó diversos, tants com possibilitats de prendre decisions i equivocar-se, o de no prendre-les, que encara era pitjor. Els conflictes no tenien cap solució immediata; l'un rere l'altre s'afegien a una llarga llista de problemes sense resoldre, o que jo no era capaç de resoldre. Aleshores m'alegrava de la meva desídia, buscava excuses, pretextos, o simplement pensava que tenia la raó i prou.

Més al principi, quan la convivència amb la Glòria se'm va fer del tot insuportable (un parell de mesos després de la mort del meu pare), perquè ella s'entestava a continuar enganyant-me sense anar-se'n de casa, vaig acudir a una advocada per iniciar els tràmits de la separació. La signatura d'un acord privat em va suposar la renúncia de la custòdia de la meva filla (no podia fer una altra cosa, segons l'advocada) i acceptar una pensió mensual per aliments pel damunt del que jo considerava raonable, a més a més d'un pagament en metàl·lic de sis-centes mil pessetes que la Glòria deia que havia gastat de la seva butxaca en el pis del carrer del Pintor Fortuny. Quina barra! Això era més que la devolució amb escreix de les cent mil pessetes que li havia deixat al meu pare, era el retorn del dot i la llista de noces junts. Encara bo que no vaig cometre la rucada de pagar-les-hi, aquelles cent mil pessetes, tal com el meu pare m'havia demanat en la darrera carta. Tornava a estar sol, ara sense la meva filla, en un pis grandiós de lloguer que no podia pagar, i condemnat a un règim de visites de caps de setmana alterns. No obstant això, ja no m'enganyaven impunement i podia desviar la ràbia cap a altres qüestions que m'ajudessin a legitimar la meva lluita, com per exemple l'aplicació desigual de la justícia en el cas de separacions amb fills. Un fet reconegut per tots els advocats menys per les feministes i els jutges que es limitaven a copiar sentències i convenis.

Ja que la Glòria, amb aquell acord privat de separació, feia i desfeia com li donava la gana, vaig decidir acomiadar la meva advocada i anar a veure el Víctor. El meu amic em va rebre en una sala de reunions del seu bufet, va escoltar atentament el que li deia i em va assignar una advocada que es dedicava només a divorcis. Tots tres vam decidir iniciar-ne els tràmits. Després d'un estira-i-arronsa amb la part contrària, que no volia claudicar, ens vam veure obligats a presentar una demanda. La sentència del Jutjat de Primera Instància 51 va ser precisament d'aquelles que es copien en sèrie, fins i tot amb el lapsus de no substituir en algun lloc els noms dels fills o dels litigants anteriors. La de l'Audiència Provincial (vam apel·lar, naturalment) corregia aquests errors i alguns abusos econòmics, però a mi em continuava semblant inacceptable, sobretot pel que feia a la custòdia i el règim de visites de caps de setmana alterns. Vaig decidir trucar personalment al Víctor per reconsiderar la situació. Em va citar l'endemà. Aquest cop em va fer passar al seu despatx, no com la vegada anterior. Les parets estaven completament folrades de fusta règia, fins i tot per darrere dels Aranzadis, i la taula era d'aquelles que només es veien als antiquaris solvents. El meu amic seia en una butaca de pell (idèntica a la d'en Piqué, quan apareixia en alguna entrevista per televisió). Semblava un ministre plenipotenciari en lloc d'un picaplets. Duia una camisa blava amb els punys i el coll de color blanc, i una corbata de tons grocs i fúcsia. El bigoti com sempre, espès i retallat. Em va dir que la Glòria es tancaria en banda pel que feia a un augment del règim de visites per damunt del conveni, i em desaconsellava que tirés endavant amb un procediment judicial per demanar la custòdia de la meva filla, i menys ara, que acabava de rebre la sentència.

—No hi ha cap possibilitat que el jutge te la concedeixi, la custòdia, ja t'ho vaig dir —va insistir—. La Glòria hauria d'estar a la presó o que el dia de la vista entrés als jutjats amb una agulla clavada a la vena. I potser ni així. El conveni és correcte, creu-me.

La indignació em va fer bullir la sang. ¿A què coi es dedicava, el Víctor? ¿Com era possible que no pogués aconseguir una maleïda custòdia, o almenys una custòdia compartida? Per no obtenir cap profit poc feia falta un bufet tan prestigiós. El Víctor era un bon advocat, sens dubte, però expert a posar plets a l'Administració i cobrar indemnitzacions milionàries. Potser valia la pena pagar més diners i contractar els serveis d'un bufet especialitzat únicament en divorcis. No sabia què fer. D'una banda, confiava en ell, i de l'altra el veia sempre molt ocupat. Per acabar-ho d'adobar, la seva dona, la Conxa, i la Glòria s'havien fet amigues (d'ençà d'aquell sopar de record infaust), i això era greu. A més a més, ¿què passava amb l'advocada que m'havia assignat, la María José? S'ho prenia amb interès, és cert, però havia treballat al bufet més feminista de Barcelona i jo de vegades en desconfiava. Era injust, vaig pensar, i els meus dubtes no tenien fonament. Ja n'hi havia prou de donar sempre la culpa als altres dels meus errors. La María José feia tot el que podia, i el Víctor també, a pesar de l'amistat de la seva dona amb la Glòria (ell m'assegurava que ja no es veien). ¿Com havia pogut malfiar-me'n? Al capdavall, em cobraven una minuta irrisòria. Més valia no donar-hi més voltes i concentrar-me en altres coses.

Pensant en el despatx del Víctor, em va venir a la memòria el de l'Enric. Uns mesos després de traslladar-me de pis, li havia trucat per telèfon perquè m'invités a visitar aquell edifici rectangular que havia vist construir des de la primera pedra. L'editorial ocupava tota la planta baixa. Des de la porta de l'entrada, pel carrer del Peu de la Creu, es veia el meu antic pis del carrer del Pintor Fortuny, on m'havien dit que ara vivia una família amb un fill de l'edat de la Irene (que segur que ocupava la seva habitació). L'Enric em va rebre en un despatx de dimensions reduïdes, però molt ben il·luminat, que donava a la plaça de les Caramelles (l'antítesi del del Víctor). Una finestra de dalt a baix, amb persianes gradolux, feia l'efecte que érem arran de terra, a tocar dels vianants i dels nens que jugaven a pilota. La taula era funcional, de fòrmica negra, amb una ala afegida per a l'ordinador, i estava plena de llibres i manuscrits. En una paret, hi penjava un quadre abstracte estil Tàpies (la firma era il·legible). L'Enric em va mirar uns segons a través de les ulleres, com si necessités aquell temps per cerciorar-se que jo era jo i no un altre. Duia una camisa de quadrets, sense corbata. El vaig trobar com sempre: prim, distant, capaç de canviar en un no res la posa d'home seriós i encaixar-me amb un somriure forçat. El vaig felicitar per la nova seu de l'editorial (un edifici que de lluny semblava una construcció de Lego), pel despatx (va insistir que era provisional i que el seu definitiu seria més gran i tindria un altre disseny), pel quadre abstracte (que no m'agradava gens ni mica) i per la llum de dia que entrava per la finestra.

—La llum és per veure millor les errades dels escriptors —va deixar anar seriós, però fotent-se'n.

Vaig preguntar-li pel seu pare, perquè sabia que estava malalt, i em va respondre que tot estava dat i beneït. Es va quedar lívid, com si li haguessin vingut al pensament records desagradables, i va remugar:

—La mare no ho suportarà.

Fugisserament, les imatges d'un home alt i corpulent, de cabells rossos i ulls blaus, em van passar pel cervell. I també el tecleig de la màquina d'escriure com a soroll de fons.

El pare del Víctor havia estat el primer de morir-se (uns mesos abans que la meva mare), al meu acabàvem de recordar-lo en una missa d'aniversari (organitzada pel Tinet i la tia Mercedes, per descomptat) i al de l'Enric li quedaven unes setmanes de vida. Només el senyor Rossich semblava tenir una salut de ferro. D'ençà del dia de l'enterrament no l'havia tornat a veure. Moltes vegades pensava a presentar-me d'improvís a la ronda del Guinardó, 31, tercera planta, i invitar-lo a l'edifici de la Pedrera (ara que s'hi feien exposicions i es podia passejar per les golfes i el terrat), però el temor de trobar-me cara a cara amb el Ricard, de visita a casa dels seus pares, me'n feia desistir (pobra senyora Rossich, que era qui més patia per nosaltres dos).

Respecte a la qüestió laboral, no podia dir que les coses haguessin anat tan malament. L'any 1987, com a conseqüència d'haver conegut la

Glòria a l'entreacte d'una de les representacions de *Lorenzaccio, Lorenzaccio*, al Teatre Lliure del barri de Gràcia, em vaig plantejar seriosament la possibilitat de tornar a viure a la meva ciutat i no esperar-me al cataclisme polític que tothom preveia a València. Amb el meu currículum d'economista-auditor-director artístic, no em va costar gaire trobar una feina com a administrador econòmic a l'Àrea de Cultura de l'Ajuntament de Barcelona, concretament en uns serveis dedicats a la programació i organització d'espectacles i festes populars. Em passava moltes hores fent pressupostos, comptes de resultats i ràtios estadístiques (números, com deia el meu pare), però, en contrapartida, m'havia deslliurat de l'obligació d'anar al teatre i de programar segons el meu únic criteri (una responsabilitat excessiva que sempre comportava decisions injustes). Aquella etapa valenciana de director artístic amb projecció pública, elogiat per uns (la immensa majoria) i criticat per uns altres (quatre gats envejosos i ressentits) quedava ensorrada definitivament. Ara tocava la cultura dels números, que no era cap bestiesa. Poques paraules i ben dites, com més curt millor.

Tanmateix, com a conseqüència d'uns resultats electorals a l'Ajuntament de Barcelona, que en principi no suposaven cap alteració política substancial, es van produir unes fusions i canvis reorganizatius a l'Àrea de Cultura que van provocar el meu relleu de la direcció administrativa i econòmica. Als nous llocs creats, van posar-hi una administradora funcionària de carrera, sense cap experiència en gestió cultural, i, per damunt d'ella, un director administratiu de confiança que acreditava una experiència professional més aviat galdosa. A banda del desdoblament de càrrecs i funcions, poc justificable des del punt de vista de l'optimització dels recursos humans (dit en un llenguatge empresarial), el més insòlit del cas era la rara habilitat de tots dos per liquidar el que s'havia fet de positiu fins a la seva arribada.

La nova tasca encomanada, que no s'ajustava en absolut al meu perfil, es podria definir com a captació d'ingressos de les empreses privades a canvi de contraprestacions publicitàries culturals. Una feina molt lloable, sens dubte, però era insòlit que me l'encarreguessin precisament a mi, ja que no tenia ni idea de màrqueting, i menys de vendre una cosa tan intangible com contraprestacions publicitàries culturals. La decisió del gerent, inqüestionable, em recordava una anècdota de la mili, quan el meu capità em va ordenar que formés part del cor del Regimiento de Artillería de Campaña 14, per la festa de Santa Bàrbara, patrona del cos: «Mi capitán, yo no sé cantar», vaig replicar. «Al coro, Artigues», em va respondre. «A la orden de usted, mi capitán», vaig quadrar-me. La diferència era que el gerent de l'Àrea de Cultura de l'Ajuntament de Barcelona no pertanyia a l'exèrcit espanyol, ni duia una pistola al cinyell. Per sort, l'experiment va durar poc i vaig tornar a fer números, que pel que es veia era la gran vocació de la meva vida, molt més que prendre decisions artístiques o de qualsevol altra índole. En aquesta nova etapa tenia menys responsabilitat, ja que el nou equip administratiu continuava fent i desfent a gust (i errant-la molt sovint), però a canvi em mantenien el sou i no havia de treballar més de trenta-set hores i mitja a la setmana. Dues coses a *priori* interessants.

Uns dies després d'aquest retorn a l'economia pràctica (ja sense l'obligació de vendre entelèquies culturals), com si tot anés encaixant de mica en mica i servís per ajudar-me a sortir del pou on havia caigut, em vaig assabentar, per mitjà d'un excompany d'auditoria, d'un presumpte delicte d'aixecament de béns i frau fiscal comès per en Piqué quan era president d'Ercros (una empresa del grup Kio vinculada als sectors químic, petroquímic i d'extracció minera, sectors que jo coneixia perquè havia treballat d'auditor a Explosivos Río Tinto i Petróleos del Mediterráneo). Aquesta notícia confidencial, relacionada amb la suspensió de pagaments de la societat i la inclusió entre els deutes d'un passiu de la filial Ertoil (venuda uns anys abans a Cepsa per mitjà d'una trama d'intermediaris i comissionistes), em va fer recobrar un bri de l'autoestima que tenia a l'època d'estudiant a la Facultat d'Econòmiques i creia a les palpentes que la revolució socialista mundial triomfaria sobre l'imperialisme. Ara sí que, pel cap baix, em podia sentir satisfet de ser un ningú honrat en comptes d'un insigne presumptament corrupte (quan els gossos lladren, alguna cosa senten).

L'altre dels problemes importants a resoldre, després de la meva segona separació, va ser el del canvi de domicili. La decisió em va costar una mica, però finalment vaig aconseguir desprendre'm del pis del carrer del Pintor Fortuny i traslladar-me a un cinquè pis sense ascensor a la mateixa finca del Cafè de l'Òpera, al bell mig de la Rambla (pel qual pagava un preu de lloguer molt inferior). El canvi em va suposar perdre més de sis milions de pessetes, per les obres de rehabilitació que havia fet en aquell pis de més de cent metres quadrats, quantitat que, sortosament, vaig recuperar amb la meitat del valor de taxació del pis de la ronda del Guinardó (la meva germana va accedir a avançar-me sis milions de pessetes al comptat si jo renunciava a reclamar qualsevol import addicional després de la venda). Des de la finestra de la saleta del meu nou domicili, ja no assistia a la construcció de la seu d'una editorial amb habitatges al damunt. Ara acabava d'adquirir l'abonament d'una llotja sencera per presenciar la reconstrucció del Gran Teatre del Liceu. Això sí que era un espectacle autèntic, amb un soroll eixordador de bufadors metàl·lics i serres elèctriques des de primera hora del matí, no com avui, que el relleu l'han agafat els festers de la patrona de la ciutat...

El timbre de la porta sona i sento les veus del meu fill i dels seus amics al replà de l'escala (respiro fondo). Quan no és amb mi, que és quasi sempre, no sé on va ni amb qui, ni a quina hora arriba, i no passo pena (una reflexió curiosa). La Irene s'ha despertat i em crida des de la seva habitació, a l'altra banda del pis. He d'aixecar-me a obrir i preparar de seguida els esmorzars, el jovent no espera.

Pausa.

Un cop que el Marcel i tota la colla s'han dutxat, canviat de roba i esmorzat, els he convençut que sortissin a passejar amb la Irene. Ells volien descansar una mica, després de la nit de concerts al carrer i gresca, però la meva retòrica sobre els actes tradicionals de les festes de la Mercè i la jornada castellera, organitzats pels nostres serveis amb la col·laboració d'un fotimer d'entitats culturals de la ciutat, ha estat impecable. Li havia promès, a la Irene, que aniríem a veure els gegants i els capgrossos, i no ha rondinat ni ha fet mala cara quan li he dit que jo no podia acompanyar-los, perquè havia d'acabar un informe de la feina. Talment m'ha semblat que estava prou contenta d'anar-hi amb el seu germà i els seus amics. Bon senyal. M'afanyo, per tant, a continuar aquest epíleg, ara potser amb una idea més clara de com l'he de concloure (gràcies en part a l'optimisme que m'ha contagiat la meva filla), per bé que estic convençut que el mateix traç de l'escriptura encara em menarà per alguna tortuositat presumible.

Amb tots aquells revessos de la vida i canvis de domicili, la veritat és que vaig començar a sentir un rebuig considerable per les cartes i les pel·lícules del meu pare. Cada cop em semblaven més un testament en forma de viatge per expiar totes les coses mal fetes que l'home havia fet a la vida. Per molt que des de la ultratomba s'entestés a captivar-me per Guinea, jo ja no volia ni sentir parlar d'històries africanes relacionades amb aquelles cartes i pel·lícules, jo ja no volia saber res d'en Tomàs Rimbau ni de tots aquells blancs guineans que, com el meu pare, havien viscut allí com reis. N'estava fart. Eren històries d'un paradís absent i irreal, històries d'uns altres que no tenien res a veure amb la meva vida actual, que ja era prou complicada per si mateixa.

Quan, a causa de la mudança, les carpetes i les bobines encara restaven dins una caixa d'embalatge a l'habitació dels mals endreços, sense cap intenció per part meva de treure-les d'allí, va succeir un fet que em va fer canviar d'opinió. Un dijous a la tarda, del dia 20 de juny del 1996 (me'n recordaré tota la vida), mentre pujava per la Rambla en direcció al Palau de la Virreina, vaig ensopegar amb el Ricard. Feia temps que no ens vèiem i tot just es feia visible el dia del meu aniversari (justament set dies abans que el seu). Aquella coincidència era un senyal, i més entre nosaltres, per bé que no sabia si bo o dolent. Ell no em va veure, o no em va reconèixer, o simplement va dissimular. Semblava afectat per alguna cosa. Tot era estrany, en ell; la manera de caminar, d'aturar-se, de mirar la gent. El cert és que anava massa esportiu. Això em va estranyar, ja que el Ricard sempre vestia amb camisa i corbata, una exigència de la seva feina de venedor de pisos. Potser estava de vacances, vaig pensar. A l'altura del Palau de la Virreina, es va aturar per mirar els cartells publicitaris. Després de dubtar una estona, va comprar una entrada i va anar cap a les escales del fons. No recordava l'exposició que hi feien. Dic feien, però hauria de dir fèiem, perquè jo també n'era una mica culpable, ja que les nostres oficines estaven situades en una de les plantes d'aquell palau que havia fet construir el virrei del Perú, Manuel d'Amat i Junyent, al segle XVIII, i que, després de molts embolics, noces imprevistes, morts sobtades i herències de retruc, havia acabat convertit en seu de tots els serveis de l'Àrea de Cultura de l'Ajuntament de Barcelona (un destí inevitable).

No sé per quina raó el vaig seguir i no li vaig dir res. Tal vegada era com penetrar en el món obscur de qui havia estat el meu millor amic de la infantesa. Però per sobre de tot em picava un desig morbós d'espiar-lo, de ficar-me a la seva vida sense ser vist, ara que la nostra amistat no passava pel millor moment. Va estar-se uns deu minuts a l'exposició i després va anar directe a les oficines (potser em venia a veure, vaig pensar ara, per felicitar-me i fer les paus). En apropar-me al taulell de recepció de l'entrada, una de les telefonistes em va preguntar si el coneixia, ja que el Ricard havia dit que era de la casa i que anava un moment al lavabo. Vaig respondre-li que no es preocupés, que era amic meu i l'esperava a baix. Al cap d'un quart d'hora llarg va sortir per la porta del carrer, sense adonar-se que jo era allí, mig amagat de cara a l'aparador de la botiga de música de la Casa Beethoven. Va creuar el carrer i va tirar Rambla amunt. Guaitava els pallassos i els mims i, de tant en tant, s'entretenia a les parades d'ocells i animalons. Quan caminava, caminava capcot, com mirant fixament els peus de les persones que li passaven pel costat. De sobte, va girar cua i va accelerar el pas Rambla avall, fins a Santa Mònica. Jo amb prou feines podia seguir-lo sense córrer. Allí, a la cantonada del carreró del bar El Pastís, va apropar-se a uns transvestits. Parlava amb ells com si es coneguessin de tota la vida. Em vaig quedar de pedra, sense saber com reaccionar. ¿Què feia el meu amic Ricard Rossich parlant amb uns transvestits de la Rambla?

Llavors, vaig adonar-me que era jo qui havia de fer-me les preguntes: «¿Què coi hi faig, aquí, espiant el meu amic? ¿Què en sé, en realitat, d'ell?». I, «¿que no té dret a fer el que vulgui, i anar amb qui li doni la gana?». Al cap i a la fi, jo no estava lliure de culpa, com a mínim de desitjar dones inconfessables a les quals després no m'atrevia ni a preguntar-los el preu. Tant me feia si aquelles representacions grotesques tenien cigala o no, aquest no era el detall més important. ¿Per què m'estranyava, doncs, de veure el Ricard atret pel mateix desig visual que jo? Em faltava l'aventura, el risc, el sexe, l'amor i vés a saber quantes coses més. Tot ho sublimava, convençut de la raó i que els qui s'equivocaven eren els altres. No, jo no podia criticar ningú, era un ésser mesquí, pusil·lànime. Feia el ronsa per sistema, ja no tenia ideals, ni objectius, ni projectes, ni confiança en mi mateix; tan sols un ressentiment malaltís per no haver sabut prendre decisions. Creia que acabava de sortir del pou, perquè a la feina les coses milloraven i em sentia útil resolent alguns dels desmanecs de la nova gestió, però encara no m'havia llevat la bena dels ulls. En Fabregó em deia que havíem d'organitzar un altre viatge a Mèxic, per esborrar, plegats, aquella mala impressió de la tornada (i ho deia en plural, el pobre), però jo no li feia cas. Que lluny que em semblaven ara les platges de Zipolite, els carrers del DF, el Café de Tacuba, la plaça Garibaldi o les cases de Trotski i de Frida Kahlo i Diego Rivera a Coyoacán.

Pel que feia als meu fills, les coses tampoc no anaven gaire millor (em sap greu escriure-ho, potser perquè avui, excepcionalment, tos dos són amb mi i fa tan sols uns minuts els sentia cridar i riure, plens de joia). El Marcel em visitava un parell de cops a l'any (per la Mercè i per Reis), i després ni ens trucàvem; i la Irene, quan era amb mi, la deixava connectada a la tele perquè no sabia on portar-la (aquest cop, però, i gràcies al Marcel i al seus amics de València, ha tingut més sort que habitualment). En resum, no havia entès res de les cartes del meu pare. Ni jo era un bon pare ni m'esforçava a ser-ho, per molt que busqués excuses en la distància o en sentències injustes. A més a més, ¿com podia pensar que per seguir el seu joc d'engrescar-me amb la història d'en Tomàs Rimbau no era capaç de viure la meva vida? I el que li havia fet al Ricard, ¿no era una renúncia molt pitjor? Sentia vergonya de mi mateix. Si un anava pel carrer i veia un amic de tota la vida, amb qui tenia assumptes importants per resoldre, era una poca-soltada espiar-lo en lloc d'apropar-s'hi. ¿Com podia creure que amb conductes impròpies com aquella recobraria l'amistat perduda? Que baix que havia caigut. Sortosament, aviat vaig adonar-me de les meves misèries i del camí erroni que estava seguint. No prendre decisions era més greu que prendre-les i equivocar-se. Aquesta era una de les ensenyances de les cartes del meu pare.

Vaig tornar a casa amb la idea fixa de recuperar les cartes i les pel·lícules del fons de la caixa d'embalatge i ficar-me de valent en la història que em proposaven, o, si més no, en una part important de la història de la meva vida que encara no havia paït (retrets del meu pare a banda). De seguida vaig comprendre que aquest cop no em conformaria a ser un lector o un espectador passiu, sinó que m'implicaria a consciència en els records que, de ben segur, tornarien a reviscolar de les zones més recòndites del meu cervell. De tant en tant, sense premeditar-ho, feia una el·lipsi i saltava de l'any 1996 al 1993, i a l'inrevés, de manera que els records de la primera vegada, quan vivia al pis del carrer del Pintor Fortuny, es barrejaven inevitablement amb els pensaments, les reflexions i les descripcions més recents, ja instal·lat al pis de la Rambla. En el moment oportú, tot just mentre llegia les cartes dels anys de les culpes, tal com ho recordava, vaig obrir l'àlbum del *collage* de fotos de dones mig despullades que prèviament havia tret del calaix. Les Sofia Loren, Brigitte Bardot, Rita Hayworth, Gina Lollobrigida, Françoise Hardy, Claudia Cardinale, Ursula Andress, Jane Mansfield, Marilyn Monroe i moltres altres anònimes van anar sortint de dins les pàgines, desllluïdes de color i conservant encara l'aroma de xocolata rància, per fer-me sentir aquell plaer pecaminós de les masturbacions prohibides, ja sense remordiments innecessaris.

A la finalització de les pel·lícules, i abans de començar (aquella mateixa nit) el procés memorístic a batzegades que m'ha fet arribar fins aquí, em van venir unes ganes imperioses de fer les paus amb el Ricard (i així tornar-li tots els favors a la senyora Rossich). Val a dir que la seva resposta (a favor d'una trobada de conciliació, sense sopars d'antics amics pel mig) la vaig saber un parell de setmanes després, per mitjà d'una trucada telefònica. Per aconseguir-la, vaig seguir el mateix procediment que el meu pare: una carta d'estil senzill, clar i directe, amb algunes referències als nostres anys de la innocència, quan érem com dues ànimes bessones (fins i tot per sofrir un accident greu el mateix dia), i totes les culpes, els penediments i els retrets que hi calguessin; un gènere, l'epistolar, que sempre havia menystingut, que mai no havia fet servir, i que ara, quasi sense adonar-me'n, em resultava imprescindible per expressar els meus sentiments (¿començava a assemblar-me al meu pare?).

Entre una cosa i l'altra, encara hi havia la carta d'en Ramon Sangenís (la vaig rebre a la ronda del Guinardó, 31, un mes després de la seva mort, i la senyora Rossich va tenir l'amabilitat d'enviar-me-la al meu domicili). En un to d'indubtable admiració, en Sangenís feia un resum de la vida d'en Rimbau, de les acaballes convulses del règim colonial a les peripècies tribals i fantasmagòriques que el destí li havia reservat a les muntanyes de Moca, al sud de Santa Isabel, després de deixar-se arrossegar per aquell amor embruixat i enigmàtic que amb el pas dels anys, segons en Sangenís, ni el mateix Rimbau s'explicava. I prometia redactar una altra carta sobre ell, encara més extensa que l'anterior, quan acabés de llegir els fulls manuscrits que el seu amic li havia portat, tots atapeïts d'una lletra molt petita. En aquesta carta (carta que vaig rebre juntament amb l'altra, suposo que per algun retard o oblit en la tramesa de la primera que va fer que coincidissin les dues), en Sangenís relatava els avatars de la fugida d'en Rimbau a l'interior de l'illa, en aquells moments incerts en què es va veure a les portes de la mort (a causa dels tripijocs descolonitzadors que no anaven tan errats), i els primers anys de la seva estada en un poblat bubi del sud, on el van prendre per la reencarnació d'un rei i el van obligar a engendrar un fill perquè fos el successor del llinatge extingit (una història enigmàtica i rocambolesca que no semblava d'aquest món). Finalment, en Sangenís feia referència a la trobada d'en Rimbau amb un vell enemic seu, de nom Demetrio Onyongo (el meu pare en parlava, en una de les seves cartes), l'ombra del qual, sempre a l'aguait, havia planat (i encara planava) damunt els seus caps com un voltor insadollable; una sorpresa final a l'aeroport de Malabo, quan, després de pensar-s'hi bé, en Rimbau es disposava a pujar en un avió per anar-se'n de l'illa per sempre més.

Era la seva vida, és clar, la vida d'un altre, però la que el meu pare, amb l'ajut involuntari d'en Sangenís, havia volgut transmetre'm al llarg de les cartes i les pel·lícules. Al capdavall, com deia ell, «quan no podem viure intensament la nostra vida, més val imaginar-nos-en unes altres, o recuperar els nostres millors records». O les dues coses alhora, jo hi afegiria, encara que només fos per omplir un munt de papers i, en acabat, guardar-los també dins una carpeta. Amb la memòria recarregada d'imatges imaginades i de records de somnis incerts, de seguida vaig reconèixer que si havia rebutjat el món del meu pare, el d'en Rimbau i el de tots els africans de pell blanca no havia estat per fastigueig, sinó per enveja. I que, moltes vegades, en la frontera de la semiinconsciència, quan intentava agafar el son o em despertava sobresaltat, els meus pensaments s'obstinaven a no resignar-se (com sempre) a una decisió allunyada de qualsevol iniciativa. L'aventura d'en Rimbau, doncs, tenia un final feliç i obert, si es pot dir d'aquesta manera, i també inesperat, perquè m'arribava de la mà d'una persona que no era el meu pare i desbordava la meva capacitat de sorpresa. Però una (o més d'una) pregunta insidiosa em feia la guitza, com si tenir la voluntat de prendre decisions no bastés per prendre-les, sinó per confondre'm encara més: ¿Era aquell, el final definitiu, el final que em condemnava a imaginar-me la vida d'un altre en lloc de viure la meva pròpia aventura? ¿O a fer-me il·lusions vanes?

Ara que acabo de rellegir les cartes d'en Sangenís (tot just abans que els meus fills i tota la colla de València hagin tornat de la festa major), m'adono que, a diferència de les vegades anteriors, quan no sabia ben bé quina actitud adoptar, he fet com si el protagonista de la història formés part de mi, com si la decisió de canviar el rumb de la meva vida pogués arribar en qualsevol moment, com si els preparatius del viatge haguessin començat. Aquell món idíl·lic de les colònies espanyoles al Golf de Guinea ja no existeix, per molt que tanqui els ulls i em negui a acceptar-ho, però jo encara he de deslliurar-me del record de la seva absència.

NOTA FINAL

Moltes gràcies a:

Eduard Márquez, Sergi Jover i Rejsek, Josep-Lluís Garrido Brik, Ricard Codina Obradors, Quimet Sorio i Estefania Benages.

Sense els seus comentaris, crítiques, suggeriments i, en molts casos, paciència no hauria pogut acabar aquest llibre.

TAULA

CAPÍTOL PRIMER

I. Preàmbul 11
II. Els anys de la innocència . . 18

CAPÍTOL SEGON

III. Preàmbul 59
IV. Els anys de les culpes . . . 65

CAPÍTOL TERCER

V. Preàmbul 117
VI. Els anys de la meva vida . . 126

CAPÍTOL QUART

VII. Preàmbul 165
VIII. Epíleg 172

Nota final 187